BUR

Andrea Scanzi

Non è tempo per noi

Quarantenni: una generazione in panchina

BUR

ISBN 978-88-17-07674-6

Prima edizione Rizzoli 2013
Prima edizione bestBUR novembre 2014
Seconda edizione bestBUR novembre 2014

Seguici su:

Twitter: @BUR_Rizzoli   www.bur.eu   Facebook: BUR Rizzoli

L'attimo fuggito

Questo libro è uscito una prima volta nel novembre 2013. Quando l'ho scritto, prevalentemente durante l'estate dello stesso anno, ho immaginato che la critica più banale avrebbe riguardato l'apparente erratezza del titolo: ma come, proprio quando Renzi e i quarantenni conquistano il potere, tu scrivi un libro intitolato *Non è tempo per noi*? Renzi non era ancora al governo durante la stesura di queste pagine, ma non occorreva essere geni per immaginare che sarebbe accaduto a breve. Mi ero anche divertito a ipotizzare quali giornalisti avrebbero sollevato tale critica, andando a pescare tra i meno dotati e più scontati: ci ho preso, quasi sempre.

Non è tempo per noi resta ancora il titolo più indicato per raccontare autoironicamente la generazione dei nati nei Settanta. In primo luogo, è il titolo di una canzone di Ligabue che colpì molto gli adolescenti dell'epoca e assurse – forse oltre i suoi meriti effettivi – a inno di protesta e ribellione malmostosa. Ci sono però altri due motivi, che valevano ieri come oggi. Anzitutto, se è vero che ci siamo finalmente alzati da quella panchina in cui per decenni abbiamo oziosamente sopravvissuto, è accaduto tardi. Molto tardi. La sensazione di una generazione indolente, confusa e perennemente «di mezzo», non è certo evaporata. C'è poi un motivo ancora maggiore, che avevo già trattato nella prima edizione e su cui ho insistito nel capitolo inedito («Gattopardismo 2.0») che trovate in questa versione interamente aggiornata. I nati nei Settanta, una volta al governo, si sono resi colpevoli dello scacco matto al rinnovamento: hanno finto di cambiare tutto affinché nulla cambiasse. Un manipolo di gattopardi (troppo spesso) impreparati e arrivisti, sbruffoni e incoerenti: dilettanti allo sbaraglio, lanciati a bomba contro quello stesso rinnovamento che giurano ogni giorno di incarnare. In questo senso, non soltanto in panchina ci siamo (sono) ancora, ma siamo (sono) perfino responsabili di una restaurazione tanto garbata nei modi quanto quasi efferata nei contenuti. Anche quando sembra alzarsi dalla panchina, la mia è dunque una generazione che si caratterizza per il moto apparente. È un tempo in apparenza nostro, ma in realtà sempre loro. È un appalto non subìto, ma inseguito. «Non è tempo per noi, e forse non lo sarà mai»: per scelta nostra, più che per costrizione altrui.

Il successo del libro ha giustificato questa edizione tascabile nei Best BUR: ringrazio Rizzoli e ancora di più voi. A cavallo tra 2013 e 2014 l'ho presentato in molte piazze. A chi mi accusava – devo dire bonariamente – di essere stato troppo cattivo con i miei coetanei, ho sempre risposto come faccio adesso: nessuna cattiveria, casomai poca indulgenza. Con i miei coetanei e ancor più con me, perché larga parte dei difetti che caratterizzano la generazione dei paninari invecchiati li ho anch'io. *Non è tempo per noi* non è un'autopsia della mia generazione, casomai un ritratto autoironico. Una fotografia comunque affettuosa, perché al mio tempo voglio bene e non lo baratterei con altri. È vero, a volte penso che di fronte al renzismo sorga quasi la voglia malsana di rimpiangere Ugo Intini, poi però mi fermo.

Tutti i miei coetanei hanno avuto un Renzi in classe: era quasi sempre quello bruttino che pareva uscito da *Tapparella*, una delle canzoni più ispirate di Elio e le Storie Tese. E tutti i miei coetanei hanno avuto una *Karina Huff* Boschi in classe. Era la quasi-carina un po' sovrappeso, che si innamorava di *Dirty dancing* e si vantava di avere imparato la lambada. Sembrava buona e sorridente, poi però minacciava di invadere la Polonia se la professoressa le dava 7.5 e non 8 all'interrogazione di storia; interrogazione, va da sé, a cui era andata volontaria, alzando il braccio efebico e ripetendo a pappagallo le pagine imparate a memoria sulla Rivoluzione francese. Per questo, anche per questo, nessuno come i coetanei di Renzi può raccontare lui e i suoi droidi protocollari: perché certa gente l'abbiamo vista crescere. La conosciamo bene. E – fidatevi – di tutto il nostro mazzo avete quasi sempre scelto le carte peggiori. Quelle più deboli, quelle più finte. Quelle – temo – più pericolose.

Per mia e vostra fortuna, però, *Non è tempo per noi* non è un saggio politico. Dentro ci trovate di tutto: la musica, il cinema, la tivù, lo sport, le mode, i feticci e le icone che ci hanno cresciuto. Il libro è un'istantanea – non un selfie ma una Polaroid – di una generazione che non è né Erasmus e nemmeno Telemaco, ma molto più semplicemente una generazione incasinata. Tanto incasinata. Alto e basso, tutto e niente. Una terra di mezzo che gioca ai nativi digitali pur non essendolo per niente. Una generazione che ho provato a passare in rassegna, che vanta fortune e talenti, ma che non ha mai trovato una bussola in grado di guidarla verso qualcosa che andasse davvero oltre il cazzeggio e l'egoismo.

È una generazione poco aiutata da una serie di congiunture storiche, e questo – lungi dall'indurci a una reazione – ha incentivato la nostra inclinazione un po' frignona. Alcuni film, usciti dopo la prima edizione del libro, hanno raccontato questa nostra natura. Per esempio *La mossa del pinguino*, esordio alla regia di Claudio Amendola, artista che non a caso per l'apprendistato della mia generazione – come attore – ha avuto il suo ruolo. E più ancora Sydney Sibilia in *Smetto quando voglio*: precari senza arte né parte, ridotti spesso a vergognarsi degli studi fatti come se ormai la laurea costituisse un precedente penale.

Nel frattempo qualche icona se n'è andata. Penso ad Angelo Bernabucci, il respingente Finocchiaro di *Compagni di scuola* a cui avevo dedicato molte pagine: è una perdita che mi ha commosso, a conferma di come ogni percorso di formazione abbia bisogno tanto di eroi quanto di «cattivi» all'altezza della parte.

Recentemente mi sono imbattuto in un'altra serie americana riuscita, *Rectify*. Il protagonista, Daniel Holden, è stato condannato a morte per un omicidio che probabilmente neanche ha commesso. Venti anni dopo, passati nel braccio della morte in attesa dell'esecuzione, viene liberato per un cavillo giuridico. Quando esce dalla prigione, ha esattamente la mia età. Quarant'anni o giù di lì. Di colpo si ritrova catapultato in un mondo interamente cambiato. Confuso e smarrito, recupera un barlume di serenità unicamente quando si rifugia in soffitta e torna ad ascoltare le audiocassette nel suo vecchio walkman.

Ho pensato che anche quell'immagine raccontasse bene i nati nei Settanta: eterni ragazzi costretti ad adeguarsi a un mondo drasticamente mutato. C'è chi reagisce rifugiandosi nei walkman (o nel vinile) e chi si reinventa eternamente giovane parlando per slogan e hashtag: ebbene, non riuscirei a dirvi, dei due, chi sia quello più stravagante.

Uno dei rischi più insidiosi del giovanilismo più sterile è proprio quello raccontato da Nanni Moretti in *Ecce Bombo*. Il protagonista, a un certo punto, indica un amico dicendo che «lui sa fare molto bene il giovane», come se bastasse avere un'anagrafe «migliore» per essere più nuovi. Anche Moretti, in questo libro, torna spesso. Il suo rigore ci ha aiutato a crescere. Proprio per questo, oggi, il suo silenzio da intellettuale mi addolora un po'. Come quello di Benigni.

Chissà perché, in questo Paese, non pochi artisti sono soliti difendere democrazia e Costituzione solo quando l'usurpatore indossa la maglia della formazione avversaria. Evidentemente, dell'appartenenza, hanno pure loro un'idea da tifosi: se lo fa Berlusconi è male, se lo fa il Pd non gli piace ma resta fedele alla linea. Che non esiste, ma pazienza.

La notizia che più mi ha colpito è però il suicidio di Robin Williams. Poco importa, qui, scoprire se lo ha fatto perché depresso, perché in bancarotta o perché malato di Alzheimer. La percezione che ne ho avuto, netta e brutale, è stata quella della morte dell'utopia. Appartengo alla generazione che, quando uscì *L'attimo fuggente*, su quei banchi c'è salita eccome. Nessuno ha detto «Oh capitano, mio capitano» come noi. Magari senza aver letto Walt Whitman, magari senza poi ribellarci mai sul serio. Però l'abbiamo detto: al cinema, in camera, nei sogni.

Era bello sognare di avere un professor Keating, pronto a indicarci la via e l'utopia. Quando ho letto che quel professore si era impiccato, ho pensato che con lui se ne andava anche il miraggio dell'attimo da cogliere. Ieri a portata di mano e oggi fuggito. Spero di avere pensato male. In ogni caso, ora e sempre, «Oh capitano, mio capitano».

Buona lettura. E ancora grazie. Di tutto.

Cortona, 8 settembre 2014

Non è tempo per noi

A scanso di fraintesi non faccio il polemista per mestiere
cerco solo di capire
di capire come fa la gente a vivere contenta
senza la forza vitale di una spinta
di capire come fa la gente che vive
senza correr dietro a niente.
È vero sono un po' anarcoide e pieno di livore
ma in questo mondo troppo sazio di analisi brillanti
e di torpore
ci sarà pure un po' di spazio per chi si vuole sputtanare
perché piuttosto che giocare con le più acute e raffinate
astuzie del cervello
è meglio ricoprirsi di merda fino al collo
e tirar fuori la rabbia spudorata di chi è stupido ma crede
e urla il suo bisogno disperato di una fede.

Giorgio Gaber, *1981*

Come eravamo

Sogno di una notte di mezza età

Per esempio, mi ricordo. Non tutto, ma molto sì. Quello che conta, quello che no. Quello che è importante, quello che lo sembra.

E mi ricordo anche i simboli degli anni Ottanta. Il decennio in cui è cresciuta la generazione dei nati sotto i Settanta. Degli attuali quarantenni.

Cioè la mia.

Per esempio, mi ricordo le cinture del Charro. Cinture da cowboy mancati, cafone e orrende, che ci si vergognava a indossare anche negli anni Ottanta, però guai a dirlo. Si dovevano avere, portate su jeans anch'essi rigorosamente di marca.

Non potendo mai essere né Django né Clint, ci accontentavamo di emulare Giuliano Gemma con gli autogrill al posto dei saloon. Era più comodo, era più facile. Per dire a Gian Maria Volonté, uomo dalla mira notoria, «Al cuore Ramon, al cuore» ci voleva troppo coraggio. Molto meglio sguainare la cintura senza pistola e scandire al banco: «Una Ceres, signore, una Ceres».

E spesso neanche dicevamo signore.

Il più grande crimine contro i feticisti

Mi ricordo, sempre per esempio e forse per cominciare a capire – partendo dai dettagli – cos'è che ci ha cresciuto e cementato, il Commodore 64. Un computer così lento che, mentre si accendeva, nel frattempo ti era passata tutta la vita davanti. E poi il Game Boy. E pure lo Spectrum Sinclair, nero e insondabile.

Mi ricordo le Reebok, ma anche e soprattutto – e più che altro purtroppo – le Superga. Le scarpe sportive più note degli Ottanta. Il più grande crimine mai compiuto contro i feticisti. I nostri padri hanno avuto il grande trauma di Superga, noi il piccolo dramma delle Superga.

Mi ricordo le Timberland, irrinunciabili per il bagaglio del paninaro perfetto assieme al giubbotto di jeans, le suddette cinture del Charro, le tute in acetato bicolore che ti facevano sudare anche solo a guardarle, le felpe daltoniche della Best Company e il più blasonato piumino Moncler, che ti faceva sentire un omino Michelin felicemente ridicolo e teoricamente sexy.

Molto teoricamente.

Il malinteso «Zup»

Mi ricordo l'hamburger, il Burghy, l'hot-dog («Dolce o salato?» Il dolce era il ketchup, il salato era la mostarda. La costante era il colesterolo).

E mi ricordo la 7Up, che molti hanno chiamato «Zup» fino a quando qualcuno gli ha detto che quello era un «sette». E a quel punto ci sono rimasti male, molto più di quando scoprirono da bimbi che Babbo Natale non esisteva. La mia generazione ha avuto pochi traumi, anche se a guardarci e ascoltarci non sembrerebbe, ma tra questi quello della 7Up non mancherà mai.

Mi ricordo il Grillo Parlante, che purtroppo non c'entrava niente con la canzone di Edoardo Bennato. Era un marchingegno rossiccio e bruttino, dal funzionamento basilare. Serviva per creare parole, che venivano poi pronunciate da una voce metallica tipo casello autostradale sopravvissuto a un bombardamento con il napalm.

Più esattamente, il Grillo Parlante serviva solo a far dire a quella voce parolacce terribili. Digitavi «cazzo» e poi ridevi perché la voce la ripeteva creando una cosa tipo «cuassooo».

Certo che si rideva con poco, eh.

Il politicamente scorretto Cerno Bill

Poi ricordo gli Sgorbions. Avevano nomi tra il ridicolo e il cinico. «Starnu-Tino», «Decalco Maria», «Anita Dimagrita». Il più tremendo era «Cerno Bill». Rappresentava un babbeo seduto, a cui esplodeva la testa sotto forma di fungo atomico. Uno dei primi casi di politicamente scorrettissimo che ricordi nella mia vita.

Mi ricordo lo skateboard, le caramelle Tabù – «Ta-ta-Ta-Tabù, anche biancooo» – e i lisergici Uni Posca. Ne esistevano di tutti i colori, e ad avere più successo erano quelli dai colori che sicuramente non avresti usato neanche per disgrazia. Poi le penne cancellabili, che non cancellavano veramente mai, lasciando piuttosto il foglio sporcaticcio e tremendo.

Il telefono grigio della Sip, con quella cornetta che nessuno sollevava mai in *C'era una volta in America*. E faceva un suono sempre uguale e sempre fastidioso. Però, almeno, era democratico. Lo stesso trillo per tutti. Il monopolio del trillo. La dittatura sonor-proletaria della Sip.

La mistica del gettone

Mi ricordo, e sarebbe meglio il contrario, le manine appiccicose. Una delle tante tamarrate del tempo, una delle peggiori. Se cresci con le manine appiccicose, poi, qualche turba ti rimane. Turbe alimentate anche dal primo Jovanotti. *È qui la festa, Gimme five,* «No Vasco io non ci casco».

Vamos.

Per esempio mi ricordo anche il gettone telefonico. Inserirlo dava una sorta di godimento: *ta-tlanck, clink.* C'era un rituale, dietro alla cabina. Molti neanche telefonavano, poi. Come Enzo Jannacci quando una volta lo beccò la moglie. In una cabina, a telefonare sotto casa. Era uscito di soppiatto, la moglie lo inseguì e gli bussò da fuori della cabina. Jannacci, genio dalle risposte prodigiose, se la cavò così: «Eh, mica ho chiamato io. Neanche era per me».

Molto meno eclettici di Enzo, spesso inserivamo il gettone unicamente per godere del rumore. Del suono. Del *ta-tlanck.* E infatti poi lo richiedevamo subito indietro. Premendo un pulsante che, quasi sempre, si rifiutava di risputarlo.

E lì ti incazzavi, perché okay la mistica del gettone, però non puoi approfittarti della mia fascinazione di adolescente. Non è giusto, ecco.

Lavatrici e catapulte infernali

Mi ricordo la Vespa, ce l'avevo anch'io e ne andavo fiero. Mistica e intoccabile, già nostalgica e sempre evocativa. Molto prima del Nanni Moretti di *Caro diario,* e certo a prescindere dai colli bolognesi e dalla Vespa Special *che-ti-toglie-i-problemi* di Cesare Cremonini.

Mi ricordo le audiocassette. Sacre. Anche se, a bruciapelo, le cassette di cui ho più memoria non erano musicali ma riguardavano lo scherzo mitologico della lavatrice da rifilare al bestemmiante Mario Magnotta («*Mannaggia me iscrivo ai terroristi, noooo, nooooooooooo!*») e la registrazione boccaccesca del Cioni Mario di Benigni.

Mi ricordo gli orologi di plastica, *Holly e Benji* – ho visto coetanei fratturarsi l'intero arco costituzionale delle proprie articolazioni, nel tentativo di emulare la catapulta infernale dei gemelli Derrick – e il Tricky Traps.

Indovina chi non siamo

Mi ricordo il gioco da tavolo *Indovina chi?*, con i suoi rituali di domande banalissime: «È uomo?», «È biondo?», «È calvo?». Le donne erano cinque (Susan, Maria, Anita, Anne e Claire) e gli uomini diciannove (Franz, Joe, Richard, Peter, Sam, Paul, David, Max, Alex, Philip, Eric, Bernard, Robert, Charles, Alfred, George, Bill, Herman e Tom). Versioni successive, odiosamente spurie, hanno sostituito a quei simpatici babbei i personaggi della Disney o della Marvel. Inaccettabile.

Indovinare quelle foto segnaletiche era elementare, bastavano due o tre domande: i personaggi erano 24, mica 13.000. C'era però una sorta di patto tacito tra i partecipanti: «Facciamo finta di non avere ancora capito, altrimenti abbiamo già finito e poi magari si corre persino il rischio di rivolgersi la parola».

Mazingasaga

Della nostra mobilia di famiglia, in bella mostra nel ripostiglio del piccolo schermo, c'era Mazinga. Il robot per antonomasia con Jeeg.

I Mazinga erano disegnati malissimo, improponibili, brutti. Mazinga Z, Ufo Robot Goldrake, la Mazingasaga. Secondo me non li guardava nessuno, però poi tutti fingevano di vederli quando se ne parlava. La saga dei Mazinga stava agli Ottanta come la battuta sulle condizioni meteo nei dialoghi tra sconosciuti. Era un mantra come un altro per interrompere il silenzio.

Tipo. Amico 1: «Eh, già». Amico 2: «...». Amico 1: «Forte

però Mazinga, eh?».Amico 2: «Oh cazzo sì, forte» (i dialoghi negli anni Ottanta, soprattutto tra adolescenti, erano sempre molto intellettuali).

Naoto Date come Che Guevara

Poi c'era *L'Uomo Tigre*, un cartone animato in cui tutti sanguinavano facendo wrestling con maschere da rapinatori di *Point Break*. Solo che non c'era Patrick Swayze, e neanche Keanu Reeves. E nemmeno il faccione gommoso di Ronald Reagan che rideva, *Joker* compiaciuto dell'edonismo.

L'Uomo Tigre aveva però due caratteristiche non immediate, ma oggi non trascurabili. Se si sottovalutano, poi, si rischia di perdere di vista l'insieme. Certi errori non possiamo mica farli.

La prima caratteristica è che quella serie, per molti bambini a tutt'oggi «mitica», era vecchia. Sì, vecchia. Nata in Giappone da un manga di Ikki Kaijiwara, fu realizzata tra il 1969 e il 1971. In Italia arrivò nel 1981, dieci anni dopo.

La seconda caratteristica è che *L'Uomo Tigre*, o *Tiger Mask*, o *Tigerman*, era un ribelle. La cosa rimaneva sullo sfondo, soprattutto per i bambini, perché sostanzialmente ogni puntata era una carneficina. Una sfida di wrestling; sangue ovunque; e alla fine il cattivo moriva sempre. Non dubito che anche Tarantino abbia amato *Tiger Mask*, anche se è nato nel '63 e probabilmente era un po' grande per quella serie.

L'Uomo Tigre, nel suo piccolo, era un personaggio di rottura. Mica un tipo qualsiasi. Nascondeva ombre, segreti e forse persino la lettura di Carlo Marx. Il suo vero nome era Naoto Date. Un orfano cresciuto dopo la Seconda guerra mondiale. Assai irrisolto, e a dire il vero pure un po' irrealistico, il suo passato. Durante una visita allo zoo, si innamora delle tigri e decide di diventare forte come loro.

Cioè? Come? Quindi?

Spieghiamo, o anche solo proviamoci.

Naoto incontra l'emissario della Tana delle tigri, una sorta di associazione a delinquere che addestra lottatori fortissimi. Va sulle Alpi, noto covo di tigri, e ci rimane dieci anni – dieci anni: Christian Bale, in *Batman Begins*, si accontenta di molto meno quando va sull'Himalaya con Liam Neeson *aka* Ra's al Ghul. Diventa ovviamente il più forte, va a combattere in America, fa il mazzo a tutti e lo chiamano per questo Diavolo Giallo.

Fin qui, tutto non credibile. Quindi tutto bene. Naoto, che sul ring indossa sempre una maschera scomodissima che lo fa somigliare più al teschio impagliato di un cervo che a un uomo tigre, si ribella alla regola della Tana di versare metà dei guadagni all'associazione.

Chiaramente non lo fa per i soldi ma perché nel frattempo, benché viva tritando ossa e membra al genere umano, ha capito che le condizioni d'igiene e umanitarie dell'orfanotrofio in cui anche lui è cresciuto sono irricevibili. Da qui la decisione di aiutare quegli orfani con i soldi destinati alla Tana delle tigri. La quale, a mo' di Yakuza, gli manda a ogni puntata (per due anni: due anni) un sicario perché lo ammazzi sul ring.

E giù sangue, e budella, e macellazioni.

Riassumendo: *L'Uomo Tigre* era una serie giunta alla decima replica in Giappone quando l'abbiamo vista noi, e Naoto Date è stato il nostro primo Che Guevara.

Una serie in ritardo, una generazione in ritardo. Un eroe confusamente ribelle, una generazione confusamente ribelle.

Mannaggia.

Il postesistenzialismo del biondo 883

Ogni generazione ha avuto le sue icone. Noi ne abbiamo avute tante, forse troppe. Siamo sopravvissuti al riflusso e all'eccesso, a Luis Miguel e a Nick Kamen, a Marisa Laurito

e alle cadute di Kevin Schwantz, al ritiro di Nigel Mansell e
a quello di Nelson Piquet, al corvo inaccettabile Rockfeller
che parlava come un magnaccia roco e alla fine delle pub-
blicazioni di storia a fumetti di Enzo Biagi (le adoravo), al
dolore per la mancata vittoria dei ragazzi di Julio Velasco
ad Atlanta 96 e al biondo che saltava negli 883.

A proposito: quel biondo saltellante, all'anagrafe Mauro
Repetto, è diventato attore esistenzialista nei teatri off fran-
cesi. Pensa che strada. Ci sembrava il più disimpegnato tra
i disimpegnati e, mentre tanti suoi coetanei regredivano al
rango di cercopitechi 2.0, lui andava in Francia a fare l'esistenzialista. Parafrasando Ligabue, se per ogni cortocircuito
e ossimoro avessimo mille euro, saremmo la generazione
più facoltosa di sempre.

E invece siamo precari. Precari di lavoro e di ideologie,
di appartenenze e di certezze, di utopie e di fobie. Precari,
precari sempre.

Siamo cresciuti con la tivù commerciale, con Bono Vox
che si buttava sul pubblico, coi Guns N' Roses che ci sembrano persino bravi. Con Massimo Troisi che ci piaceva, e
poi ci è mancato. Con comici che ci dicevano di tener su
la testa, e chissà poi se lo abbiamo fatto. Con Laura Palmer
morte chissà come, Festivalbar giustamente dimenticati e
frate Cionfoli chissà perché non dimenticati.

Siamo cresciuti coi *Promessi sposi* che non erano di Alessandro Manzoni, ma di Solenghi, Marchesini e Lopez, e
secondo me non ci abbiamo perso poi più di tanto.

Siamo cresciuti, ma forse neanche tanto. Siamo cresciuti,
e non si sa come.

Dateci una DeLorean

Poi mi ricordo, e immagino anche voi, *Ritorno al futuro*.
Michael J. Fox, lo scienziato pazzo Doc e la DeLorean su

e giù per il tempo. Per l'esattezza una normale DeLorean DMC-12, che per viaggiare nel tempo necessitava di una scarica di 1,21 gigawatt.

Ritorno al futuro era un *Lost* analcolico e innocuo. Flashback e flashforward, come per i naufraghi di J.J. Abrams, però col lieto fine. Perché negli anni Ottanta c'era sempre il lieto fine. O meglio, anzi peggio: non c'era quasi mai nella realtà, ma nei film sempre. Nella musica, sempre. Nei libri, sempre. E tutto sommato anche nello sport: se la tua squadra perdeva, per dire, potevi sempre rifugiarti in Alberto Tomba. Il più grande cazzaro della storia dello sport. Un uomo che non si allenava quasi mai, godereccio e con cosce come *jamon* iberici iperespansi, che però – misteriosamente – vinceva sempre. E mica nella discesa libera, disciplina in cui avrebbe potuto anche solo affidarsi alla legge di gravità: no, nello slalom. Speciale o gigante come lui. Tomba è uno dei più grandi misteri di Ottanta e Novanta. E dev'essere indagato.

Alex l'ariete

Molte nostre icone facevano sport. Due campioni, in particolare, ci hanno fregato. La loro parabola va ben oltre l'epica sportiva e assurge, per quanto involontariamente, a microstoria personale in cui finisce con lo specchiarsi una collettività multiforme e anarcoide. La nostra, la mia.

Il primo campione è *Alex l'ariete*, che per fortuna quasi nessuno ricorda così, essendo il titolo di uno dei film più brutti nella storia del cinema, ma che tutti conoscono col suo vero nome: Alberto Tomba.

Prima di recitare in quella pellicola, che non esiterò a ritenere monumentale, datata 2000 e girata da Damiano Damiani (uno che nelle vite precedenti era stato bravo e impegnato con *Quien sabe?* e *Il giorno della civetta*: perché Damiano, perché?), Alberto aveva vinto tutto.

Tomba aveva tre tipicità. Era insopportabile; era fortissimo; non faceva nulla per essere fortissimo.

La cultura non lo aveva granché intaccato, ma il talento sì. Un fenomeno. Costrinse tutti, anzitutto i calciofili, a interessarsi di sci. È stato il nostro Adriano Panatta – anche se io avrei preferito avere direttamente Adriano Panatta. E invece mi è toccato Andreas Seppi.

Non capendo quasi nulla di sci, ritenevamo Pirmin Zurbriggen un usurpatore dello scettro di «Tomba la bomba» (sempre molto ispirati i soprannomi degli sportivi, sì). Zurbriggen era usurpatore sia perché disputava tutte le specialità, sfruttando quindi un «vantaggio» nei confronti di Tomba, che correva quasi solo slalom speciale e gigante, sia perché aveva un cognome che ha portato allo slogamento di milioni di corde vocali, anzitutto dei telecronisti Rai. *Zurghiggen, Zubigghen, Zurkisten.* E via così.

L'ideologia reaganiana di Alberto

Qual era la caratteristica di Tomba? Che vinceva nonostante Tomba. Nato a Bologna, non proprio nelle Dolomiti. Si allenava a Lizzano in Belvedere, non proprio le Alpi, e non proprio si allenava.

Piaceva alle donne, nonostante un'espressione fieramente trigliesca che lo abbandonava solo quando si arrabbiava con qualcuno e gli lanciava addosso una coppa dal podio, colpendolo prodigiosamente alla mano anche se l'obiettivo era lontanissimo e in mezzo alla folla gremita. (Tomba aveva così talento che avrebbe vinto la medaglia d'oro anche nel tiro a volo. O nel pattinaggio. O nella recitazione. No, forse nella recitazione no.)

Tomba giocava di agilità e velocità, sfrecciando tra paletti vicini su pendenze crudeli. E ci riusciva. Nonostante Tomba. Più imponente che massiccio, esondante, tassellone e in buona sostanza mastodontico.

Un orso. Che però danzava, fluttuava, volteggiava. Tomba ha vinto tutto per più di dieci anni, dal 1986 al 1998. Era odiato e amato, ma anche chi lo odiava ci rimaneva male se cadeva: guai ad ammetterlo, però. Altrimenti il gioco delle parti saltava e non sembravi sufficientemente snob. Tomba, la mia generazione, lo ricorda bene. Di più: Tomba, la mia generazione, l'ha segnata. Condizionandola. Sportivamente in meglio, ideologicamente in peggio.

Qual era il messaggio di Tomba? Qual era l'insegnamento? No, non che se un giornalista ti sta sulle palle gli tiri addosso qualcosa: una coppa, una querela o qualcosa di molto peggiore. Per quello bastava qualsiasi politico democristiano o socialista. Si sapeva già, molto prima dei droidi berlusconiani attuali.

L'insegnamento di Tomba era che la vittoria non richiedeva sacrificio, perché ci pensava direttamente Dio a donarti tutto: di default (non si usava ancora, la parola «default»). Tomba era cicciotto, un po' grullo e abbastanza odioso. Però vinceva, piaceva, era ricco ed era amato. Che senso aveva, allora, soffrire? Studiare? Lottare?

Alberto Tomba era un simbolo reaganiano. Senza ovviamente sapere chi diavolo fosse Ronald Reagan.

Mezzogiorno di fuoco, anzi fuochino

Il secondo simbolo nascosto della mia generazione è Paolo Canè. Non tanto lui, quanto la sua attitudine. E più ancora un suo gesto. Una sua impresa. E una sua affermazione.

Canè era bolognese, come Tomba. Ed era nato nel 1965, quasi come Tomba (1966). Tanto talento e ancor più tanta nevrastenia. Canè aveva i capelli lunghi e indossava scaldamuscoli a uso e consumo dei daltonici. Era magro, anzi consunto. E sempre nervoso. Sempre incazzato. Anche quando faceva il punto. Non gli andava mai bene niente.

Giocava a tennis, ma dava la sensazione di odiare il tennis. Ha dissipato buona parte delle sue doti. Se chi comincia bene è a metà dell'opera, lui si fermava molto prima. E in ogni caso non arrivava quasi mai alla fine. Come molti nati sotto i Settanta.

Una volta, credo fosse il 1988, dopo aver perso una partita al Foro Italico di Roma contro lo svedese Anders Järryd, col punteggio sobrio di 0-6 0-6, uscì dal campo spaccando tutte le fioriere incontrate nel tragitto breve dal seggiolone dell'arbitro allo spogliatoio. Gianni Clerici e Rino Tommasi, altri due a cui noi quarantenni dobbiamo tanto, non gliel'hanno mai perdonata.

E mica solo quella. E mica solo loro.

I giornalisti lo detestavano, non tutti ma molti. Si divertivano a scrivere che Canè quasi sempre giocava come uno che in campo si dimenticava l'accento. Non era in forma quasi mai e quando lo era si infortunava. Però, quando si sentiva in fiducia, e magari qualcuno gli faceva da balia in Coppa Davis, sapeva essere strepitoso.

La scena che segna una generazione, anche se quella generazione non se n'è ancora accorta, avviene nel 1990. Avevo 16 anni e i miei coetanei, ma non solo loro, quel giorno se lo ricordano bene. Quasi tutti.

Lunedì mattina, quinto set. Mezzogiorno o giù di lì. Cagliari. Ultimo incontro di Davis contro la Svezia. Un primo turno, quindi una partita da nulla. Un evento agonisticamente marginale, ma la Davis era a suo modo irrinunciabile. E poi non avevamo che quello.

Italia e Svezia erano sul 2-2. E anche Paolo Canè e Mats Wilander, ex numero 1 al mondo, erano su due set pari. L'oscurità impose l'interruzione alla domenica sera. E se ne riparlò al lunedì mattina.

C'era scuola, ma non era ipotizzabile perdersi quel set: chi uscì prima, chi evase dall'aula tipo Eastwood in *Fuga da Alcatraz*, chi simulò una dissenteria fulminante. Quel lunedì mattina, a scuola, secondo me rimase solo la Gelmini. E senza troppi effetti, quantomeno non benefici sotto il profilo dell'istruzione.

Si giocava sulla terra battuta, la superficie preferita da Wilander, un pallettaro noioso come un monologo di Paolo Brosio su Medjugorie. Ma quella mattina a Canè riusciva tutto. O quasi. Così si arriva al 5-5. Rivedere oggi quegli scambi fa un effetto strano. Sembrano scambi in *slow motion*, in un ralenti immutabile. Andava tutto lento, molto lento al tempo, ma non so dire se sia in sé un bene.

Dunque: sul 5-5 serve Canè. 40-30. Qui parte uno scambio interminabile, in sé epico ma reso ancora più indimenticabile da Giampiero Galeazzi. La voce borbottante, le pause che in confronto Celentano è Mentana e il fastidio palpabile quando la regia Rai – perfida – inquadrava qualche tifoso che brandiva lo striscione con scritto: «Bisteccone». Un altro soprannome, stavolta però carino. Anche se Giampiero non la pensava così.

Galeazzi amava Canè, soprattutto quando sguainava il turbo-rovescio, che rivisto oggi era soltanto un buon rovescio, ma al tempo andava bene così. L'enfasi di Galeazzi era genuina, da taverna con l'oste che taglia il prosciutto a mano e lo affetta alto: molto alto. Senza chiederti il permesso. Mica c'era ancora l'enfasi da 4 salti in padella spacciati per sushi di Fabio Caressa.

Canè va alla battuta sul 40-30 e qui, per alcuni secondi, molti secondi, non succede nulla. «Paolino la peste» (va be', lasciamo perdere) gioca pianissimo, ed è un po' strano: Mats Wilander gioca pianissimo, ed è normale. Poi Canè attacca incrociato sul dritto di Wilander. Non un grande attacco, infatti lo svedese replica col passante lungolinea. Canè, teatralmente, si tuffa alla sua sinistra e rimanda di là con una volée di rovescio. Il pubblico di Cagliari fa «ooooh». Anche noi, a casa, facciamo «ooooh».

Wilander ha tutto il campo aperto, o quasi, anche perché

Canè deve ancora terminare di rialzarsi, ma lo svedese non ha mai tirato forte in vita sua. Infatti reagisce con una *loffia* di rovescio. Canè, che nel frattempo si è rialzato, intriso di terra rossa e ormai in piena trance, recupera e rimanda ancora col dritto. Wilander ha di nuovo il campo aperto, ma un po' è tonto lui e un po' è scritto che lo scambio debba avere connotati generazional-esistenziali. E da che mondo è mondo, per avere una connotazione epica occorre che qualcuno contorca la trama. Altrimenti non c'è gusto. Se Patroclo fosse morto subito, e non prima di aver provocato scompiglio tra le file nemiche, donando fiducia agli Achei e indebolendo i Troiani, Achille se la sarebbe presa comoda; magari non avrebbe ricominciato a combattere; probabilmente non avrebbe pianto abbastanza; e di sicuro non avremmo avuto l'*Iliade*.

Ed è dunque giusto, per la storia ma anche solo per Canè, che Wilander si inventi nuovamente un altro rovescio stitico, che cade esangue a metà campo. Canè ci arriva in corsa. Smulina appena il polso. E passa Wilander con un rovescio incrociato.

L'abracadabra che aspettavamo.

Prima che colpisca, il pubblico di Cagliari fa «ooooh», e un uomo col vocione grida «Vieni», che non si sa tuttora se avesse valenze agonistiche o piuttosto orgasmiche.

In ogni caso, e si presume in tutti i sensi, Canè viene. Colpisce. Fa il punto. Qui, con teatralità giustissima, Canè crolla a terra. Esangue.

Il pubblico è impazzito. Adriano Panatta, che non è impazzito ma in compenso teme la pazzia di Canè nel game successivo, scatta – nonostante la mole un po' boteriana – e lo va a prendere. Lo scorta, lo accudisce, lo pulisce.

Canè cammina meccanicamente, straniato, consunto. Panatta gli ripete di stare calmo, gli mima con le mani parallele sopra la tempia di essere «dritto» e di pensare solo al punto successivo. Se Canè avesse sempre avuto all'angolo una balia come Panatta, sarebbe entrato almeno una volta nei primi venti. Invece è stato al massimo il numero 26, e neanche per troppo tempo. Intanto Galeazzi sta borbottando frasi sconnesse, e come lui tutta l'Italia. Anzitutto la mia generazione, che esulta di lunedì mattina neanche avesse vinto i mondiali di calcio – ovviamente l'Italia di Davis verrà eliminata al turno successivo.

Non alludo ai mondiali di calcio per caso. La generazione dei nostri padri ha vinto i mondiali dell'82. Quella successiva a noi ha vinto i mondiali del 2006. Per il primo trionfo eravamo troppo piccoli, per il secondo troppo scazzati. E poi, su, Lippi era davvero intifabile. Generazione di calciofili, abbiamo avuto gioie individuali più o meno conclamate dalle nostre squadre, ma non collettive. Abbiamo amato Gullit e Van Basten, Boban e Donadoni, Rui Costa e Savicevic (si intuisce che sono milanista?), scoperti anche attraverso le narrazioni improbabili di Tonino Carino da Ascoli, Marcello Giannini da Firenze, Luigi Necco da Napoli e Franco Strippoli in collegamento perenne dal suo riporto ascellare, orchestrati da Paolo Valenti a *90° minuto*. Siamo stati calciofili come e forse più di tutti, sbirciando l'ultimo calcio «romantico» e ingozzandoci di merendine – credo che il concorso si chiamasse Vinci Campione – per avere in regalo la maglia originale dell'Olanda dei Tulipani rossoneri. Il nostro mondiale non è stato quello del 2006 e nemmeno quello di Pasadena, con le lacrime di Franco Baresi e la porta sul cielo di Roberto Baggio. La nostra Coppa del mondo era quello del 1990. Ed era già vinta. Ma Zenga non la pensava così (sì. Anche Zenga è stato un nostro piccolo trauma. Come le Superga).

E poi di morire. Per dieci secondi

Intanto Canè è ancora lì, seduto, mentre Panatta lo pulisce e accudisce. È il momento di Galeazzi, che deve coprire la pausa narrativa. Lo fa, con un monologo che lo consegna dritto alla leggenda: «Sììì Paolo... A terra cade esausto dopo questo scambio... ggghhh ahahahah... È stato... lo scambio più bello delle quattro giornate (*sempre misurato, Galeazzi*)... È caduto... Completamente senza forza a terra... Wilander gli si era opposto in maniera eroica (*per niente: Wilander aveva inanellato almeno due cazzate di fila*)... Ma Paolo ha avuto ancora la forza dell'ultimo colpo... (*inquadratura su Nargiso, che non avendo mai potuto esultare per meriti propri, gioisce per osmosi con un «Paolo Paolo!» da curva sud*)... È caduto morto (*sempre più sobrio, Galeazzi*)... emozioni che solo la Coppa Davis sa dare (*questa frase la diceva sempre, anche se l'Italia giocava da sola o contro le Isole Tonga al Game Boy*)... È andato a raccogliere una palla davvero... incredibile (*qui parte il replay dello scambio con il tuffo*)... Qui arriva Wilander, il *lungoinea* (*la «l» ogni tanto saltava in Galeazzi*)... ancora il passante... ancora la forza di ritornare... di controllare l'avversario e di giocare questo rovescio... in diagonale (*dire «incrociato» era troppo colto per Galeazzi*)».

Giunto faticosamente al termine di un siffatto crescendo asmatico-shakespeariano, Galeazzi dice una cosa strepitosa: «E poi di morire, per dieci secondi». Proprio così: morire, per dieci secondi. Una sorta di incrocio tra i testi sacri e Céline, tra Lazzaro e la morte a credito.

Canè, secondo la narrazione definitivamente omerica di Galeazzi, era stato in grado di morire e poi di tornare, pressoché risorto, ferito ma non sconfitto. Come Achille, più di Achille. E senza neanche Patroclo da piangere.

Non era più solo tennis. Non è mai stato solo tennis. Era il Bignami di una generazione. Non quella di Canè, ma quella di coloro che stavano crescendo con lui come icona.

Ormai non avrebbe più potuto perdere. E infatti non perse: 7-5, Wilander a casa e noi tutti contenti per essere usciti prima e per avere imitato Clint ad Alcatraz.

Quanto a *Mary Star* Gelmini, che al tempo aveva diciassette anni e sicuramente si era proposta volontaria per un'interrogazione di chimica: è un problema suo. Che poi è diventato anche nostro, d'accordo, ma al tempo era solo suo.

No grazie, l'apoteosi mi rende nervoso

Parrà ora ovvio come, di fronte a una tale impresa, si attendesse tutti il verbo di Canè come apostoli al cospetto del Messia. Terminato l'incontro, Paolo venne circondato dai tifosi e dalla squadra. Lo portarono in trionfo, come il Cid Campeador. Il nostro Cid, il nostro Che – ma sì, esageriamo. Tanto è gratis. E poi, se lo era stato l'Uomo Tigre, poteva esserlo anche Paolino.

Canè, sempre attento a gustarsi la ribalta, forse perché gli capitava di rado, fece un gesto a Galeazzi e gli disse che stava per arrivare. Mentre la nonna cucinava un piatto che avremmo ricordato non per la valenza nutritiva ma come suggello alimentare di un'epifania collettiva, l'ansia di conoscere il verbo crebbe. Cosa dirà Paolino? O, più esattamente, cosa ci dirà Paolino? Perché era a noi che parlava. Ai più giovani. Ai fedeli. Ai discepoli. Ci sarebbe bastato un cenno, un solo cenno. E avremmo invaso come minimo la Polonia. O magari anche solo la Svezia, giusto per andare a prendere per il culo un'altra volta Mats Wilander. Lo avremmo fatto davvero, o forse solo usando i videogiochi prebellici della Atari, ma lo avremmo fatto: «Solo con te, compagno Che Canè».

Paolo arrivò alla postazione di Galeazzi. Stanco, sporco, stremato. Il mondo ai suoi piedi, e tutti sapevano che non avrebbe mai più vissuto un'emozione così. Non gli sarebbe accaduto mai più. Era evidente. Anche a lui. Poteva dire tutto, gli era concesso tutto.

Dai, Paolo, dicci qualcosa. Tutto quel che vuoi. Giampiero è lì apposta, come mero testimone di un accadimento che la Storia deve documentare e archiviare.

Galeazzi, borbottante, gli chiede come sta. Cosa prova.

Okay, non è una domanda esattamente da Frost *vs* Nixon, ma Canè mica deve farsi perdonare il Watergate. Dai, Paolo, dicci qualcosa. Come stai? Cosa provi? E lui, a quel punto, ce lo dice. Cosa prova. Col mondo ai suoi piedi, una generazione ai suoi piedi e un giorno che non tornerà. Ce lo dice. È felice? È contento? Dai, Paolo, dicci qualcosa. E lui ce lo dice. E ci dice questo: «Sì, guarda, in questo momento sono molto nervoso».

È stato allora che abbiamo capito. È stato allora che siamo giunti all'agnizione. Abbiamo capito. Davvero. Capito. Per merito o colpa di Paolino. Abbiamo capito che, anche quando la vita ti viene come va (per dirla con Ligabue), non c'è proprio motivo di festeggiare. Ti è come negato: non si fa, non sta bene. Non è il caso. L'*exemplum* di Canè non ammetteva margini di fraintendimento: per quanto re del mondo, il nostro stato emotivo avrebbe sempre contemplato anzitutto il nervosismo. Se sei buono, ti tirano le pietre. Se sei vincente, ti girano le palle.

L'età sospesa dei diversamente adulti

Nel ricordo di questa istantanea apparentemente marginale si nasconde una inclinazione dei quarantenni di oggi: la presentizzazione del passato. La tendenza comune a tutti, ma in noi più sviluppata, a concepire il tempo come qualcosa per nulla lineare e anzi rapsodico, schizoide, indistinto.

I nati nei Settanta sono soliti indugiare, quasi sempre crogiolandosi, in un tempo a spirale. In un tempo delle repliche, tra ricordi che non selezionano. Dovendo scegliere tra passato e futuro, il nostro è spesso un atlante di ricordi inventati. O forse rimossi. O ancor meglio ingigantiti. Ci sono eventi enormi che paiono lontanissimi e aneddoti si direbbe irrisori che rimangono. C'è un tempo rapido e un tempo che non scorre.

Paolo Canè è tempo che non è scorso. Atlante dell'iperbole e del «come poteva essere». Presente riottoso a cedere il passo. Quella partita la sta giocando ancora, senza andare a rivederla su YouTube. Quella partita non la terminerà mai. E quella frase, pronunciata quasi senza pensarci a margine del contesto agonistico, è l'unico suo gesto tecnico per nulla inattuale.

Riassumendo. Uno ci diceva che per vincere non si doveva fare niente, tanto ci aveva già pensato Dio. E se non ci aveva pensato Dio, be', non avevi speranze: niente classi operaie in Paradiso, al massimo qualche Lele Oriali in canzonette per mediani. L'altro, in quegli stessi anni e dalla stessa città, ci diceva che anche se arriverai sul tetto del mondo non vedrai certo un luogo incantato in cui ogni cosa è illuminata. Forse, anzi, sarai persino più incazzato di prima. Mi sa che, come *maître à penser*, era meglio tenersi il pessimismo cosmico di Leopardi. Garantiva più margini di magnifiche sorti e progressive.

Potrei andare avanti con la carrellata della memoria, ma già così mi sento come autorizzato a chiedermi e chiedervi: una generazione che ha avuto per *Weltanschauung* cinture da *boro* e giochi da tavoli per bischeri, computer antidiluviani e mani appiccicose, come diavolo poteva crescere? Quali rivoluzioni poteva inseguire? Che mondo poteva edificare, o anche solo sognare? Domande di colpo ambiziose, e a prima vista pare difficile trarre risposte da significati e significanti dei Cerno Bill perduti.

Si scorge però già una tendenza, in nuce allora e via via radicalizzatasi negli anni: quella dell'interregno eterno. Un po' di qua e un po' di là. Tanto in panchina quanto al governo.

I nati nei Settanta, quelli che oggi hanno quarant'anni o poco più o poco meno, stanno nella terra di mezzo. Quella di chi è nato troppo tardi per rimpiangere Jimi Hendrix ma troppo presto per fingersi definitivamente virtuale e dunque per sempre giovane: smart, cool e con più follower del compagno di banco. Poco nativi digitali e molto digitali forzati. I nati nei Settanta vivono in un limbo. Il limbo dell'età sospesa. Tra il mondo e i balocchi. Un po' vinile e un po' iPod, ma entrambi per posa: il primo perché ci piace essere vintage, soprattutto quando c'è da sembrar fighi; e il secondo perché è obbligatorio stare al passo coi tempi, e poi quanto era bravo Steve Jobs, soprattutto quanto ci ha esortato a essere affamati e folli – e pazienza se forse siamo più obesi che affamati e più sciroccati che folli.

Freno e trattengo il facile afflato apocalittico, che potrebbe condurmi a una comoda quanto sbagliata distruzione acritica della mia generazione, e resto però convinto di questa nostra radicata inclinazione allo stare in mezzo. Per inclinazione e convenzione, formazione e frustrazione. La nostra epoca è stata quella del cd e del vhs, moderno e frigido il primo, anacronistico e farraginoso il secondo. E proprio nel crocicchio tra moderno e anacronistico sta (anche) il nodo dei quarantenni che tremare il mondo non hanno mai voluto fare. E infatti si son guardati bene dal volerlo far tremare.

La nostra generazione, ha scritto Andrea Salerno in un tweet (in un tweet: la nostra generazione riassunta in un cinguettio), è quella che è andata dalla banda armata alla banda larga. Ci abbiamo guadagnato in tenore di vita e in diminuzione sostanziale di piombo. Ci abbiamo perso in densità cerebrale, con spazi così immensi – larghi, appunto – da rischiare di dover parlare unicamente con noi stessi per avere l'ebbrezza di non sentirci soli.

Se la generazione di Edmondo Berselli era composta da adulti con riserva, la nostra è fatta in larga parte da diversamente adulti.

Non è tempo per noi

Quando Ligabue scrive *Non è tempo per noi*, non ha neanche trent'anni e non sa che sarà un successo generazionale. Anzi transgenerazionale, perché continua a piacere come quando uscì, nel 1990.

Il titolo del disco, significativamente, doveva essere *...E non è obbligatorio essere eroi*. Fu poi preferito, semplicemente, *Ligabue*.

La poetica del quasi

Ligabue è una figura chiave per comprendere l'humus dei quarantenni attuali. Lo scoprì Pierangelo Bertoli, cantautore con cui condivideva le origini ma non la nitidezza espressiva: iperschierato Bertoli, ipersituazionista Ligabue. Appena si fece notare, non tutti capirono che sarebbe stato una sorta di nuovo Lucio Battisti. Con differenze significative, anzitutto qualitative (e non a vantaggio di Luciano), ma comunque in grado di intercettare umori e pulsioni di coetanei. Più ancora, di chi era nato dieci-quindici anni dopo di lui. Ligabue ha trent'anni, ma in *Non è tempo per noi*, e non solo lì, parla anche e soprattutto a chi era adolescente.

L'etica ligabuista è anche etica del quarantenne di oggi. Entrambe si confondono fin quasi a coincidere. Quantomeno collidono. Se ogni generazione ha il suo Battisti, il nostro è stato Ligabue. Non vuol dire che piaccia a tutti, come non vuol dire che fosse la musica migliore di quegli anni. Se fossi costretto a una recensione fulminante di Ligabue, direi che dopo *Buon compleanno Elvis* ha avuto poco da dire sul piano musicale e molto nel primo libro di racconti (*Fuori e dentro il borgo*) e nel primo film (*Radiofreccia*).

È qui irrilevante soppesare la qualità effettiva di Ligabue. Lui stesso, un po' credendoci e molto no, si è sempre presentato al pubblico come mediano, applicando a se stesso una finta *diminutio* che *de facto* ne alimenta invece le ambizioni di star. Si sa però, e al contrario, che Ligabue ha sempre avuto la pretesa e l'istinto di scrivere ritratti, o più che altro inni, generazionali. *Non è tempo per noi* è il più celebre, e già lascia intendere la poetica del quasi-rocker di Correggio. Si ponga attenzione al «quasi», perché Ligabue gioca da sempre sul crinale del quasi. Deliberatamente. Egli è arrabbiato, però anche dolce. Egli è rocker, però è anche melodico. Egli è Ligabue, però anche Veltroni.

Una volta lo chiamai «il Romano Prodi del rock». Non ne fu entusiasta, da permaloso qual è. Guai a toccarlo: si arrabbiò anche con la Gialappa's, che ne parodiò la pronuncia fintoamericana, e poi con Neri Marcorè che lo imitava troppo bene. Ma quella volta, con me, aveva ragione: Prodi, in confronto a lui, sembra quasi Gaetano Bresci.

Mugugnando contro il cielo

Non è tempo per noi è autoassolutoria sin dal titolo, come autoassolutoria è spesso la mia generazione. «Non è tempo per noi», formula icastica e in apparenza definitiva. E già qui ci sarebbe da chiedersi: sì, ma di chi è la colpa? Non è il nostro tempo perché non ce lo danno o perché non ce lo prendiamo? Occorrerebbe una risposta, perché cambierebbe molto: un conto è se il tempo non c'è, un altro se in teoria c'è ma non te ne frega niente di prenderlo. Anzi magari conviene non provarci nemmeno, così poi puoi frignare un po' a favore di telecamera e giocare al malmostoso che conosce le storture della vita ma non per questo è divenuto interamente cinico.

Non è tempo per noi, in ultima istanza, è la nostra colpa o il nostro alibi? Occorrerebbe più che mai una risposta, una presa di posizione, ma è proprio qui che sta il talento ideologico di Ligabue: lui non risponde. Mai. Per non esporsi troppo. Si dirà a questo punto che tutti i grandi intellettuali non devono dare risposte, casomai alimentare dubbi. Vero. Ligabue però si spinge oltre: non solo non dà risposte, ma neanche elabora tesi. Men che meno fa nomi e cognomi. Il Liga si limita al mugugno esistenziale, vagamente nichilista e massicciamente compiaciuto. Lo faceva a inizio carriera come vent'anni dopo. Per esempio ne *Il sale della terra*, autunno 2013. «Siamo il capitano che vi fa l'inchino; / Siamo la ragazza nel bel mezzo dell'inchino; / Siamo i trucchi nuovi per i maghi vecchi; / Siamo le ragazze nella sala degli specchi. / Siamo il culo sulla sedia, il dramma, la commedia, il facile rimedio; / Siamo l'arroganza che non ha paura; / Siamo quelli a cui non devi chiedere fattura. / Siamo yeee yeee... il sale della terra! / Siamo yeee yeee... il sale della terra! / Siamo l'opinione sotto libro paga; / Siamo le riunioni qui nel retro di bottega; / Siamo le figure dietro le figure; / Siamo la vergogna che fingiamo di provare. / Siamo il culo sulla sedia, la farsa, la tragedia, il forte sotto assedio; / Siamo la vittoria della tradizione; / Siamo furbi che più furbi di così si muore. / Siamo yeee yeee... il sale della terra!»

Quindi, Liga? Quindi niente. Yeee.

Ligabue genera empatia per osmosi confusa. Il suo canzoniere è pieno di incazzature vaghe: si sa che lui e dunque noi siamo incazzati, ma non si sa né perché né con chi. In Vasco, quantomeno, era quasi sempre colpa dei più grandi, quando non degli Alfredo. Ligabue ne è versione edulcorata, disinnescata, analcolica. Dal *Siamo solo noi* al *Non è tempo per noi*, che è come dire dai Led Zeppelin al *Nano-nano-la-tua-mano* di Mork e Mindy.

Se la generazione prima della nostra si identificava con Vasco, la mia lo ha fatto con Ligabue. Dall'arrabbiatura di pancia, già postideologica ma comunque nevrastenicamente sincera, al malpancismo superficiale e comodamente malmostoso. Come a dire: «Sì, okay, siamo arrabbiati. E io, Luciano Ligabue, ve lo sto raccontando. Perché io quelli più giovani di me li conosco. Però, fidatevi, non siamo cattivi. Né io né loro. Siamo diversi, ma in fondo in fondo uguali a voi». Il canzoniere di Ligabue è in costante equilibrio sottile, e in questo si riscontrano un cesello e una furbizia mirabili, tra tutto e il suo quasi contrario. Tra Lambrusco e pop corn. Ma anche tra gazzosa e 7Up. Tra dialoghi frustrati con Dio, che pure lui non ha mai tempo per lui (e dunque per noi), e fine del mondo imminente con palle in giramento (il turpiloquio ci deve essere sempre, mai troppo ma un po' sì, perché cementa l'empatia).

Se il Purgatorio è il nostro perlomeno

Ligabue è il cantore che urla contro il cielo. E il suo popolo con lui. Solo che, poi, se qualcuno si ferma e chiede all'altro perché diavolo stiamo urlando contro 'sto cielo, che poi è pure scomodo e dai finestrini passa il noto odore di «mare diesel merda morte e vita»: ecco, a quel punto nessuno saprebbe rispondere. «Perché urli?» «Boh.» Non lo so. Però nel frattempo urlo. Se nell'ultimo Giorgio Gaber c'era una generazione – quella che aveva perso, però aveva giocato – con «un grido in cerca di una bocca», qui abbiamo la bocca e pure il grido, destinati però al cielo. Cioè al tutto. Che è poi il nulla. E comunque, siam sempre lì: non si sa mai cosa ci sia, veramente, dentro quell'urlo.

Proprio in *Urlando contro il cielo* c'è la strofa che potrebbe fotografare i nati nei Settanta: «Se un Purgatorio è nostro perlomeno, urlando contro il cielo». Pensateci: cosa vuol dire? Niente. Assolutamente niente. Una mazza di niente. Però funziona, perché è in qualche modo evocativa: «Se un Purgatorio è nostro perlomeno». E se qualcuno chiederà a Ligabue cosa voleva dire, lui risponderà giustamente che non lo sa. E che comunque non è importante. Del resto nessuno ha mai capito perché la scimmia del quarto Reich ballasse la polka sopra il muro, e mentre si arrampicava le abbiamo visto tutti il culo, ne *La domenica delle salme* di Fabrizio De André. Però è una strofa che piace. Che arriva. E pazienza se i soliti cacadubbi noteranno la differenza neanche troppo sottile tra poesia e *poeticità*.

Nel purgatorio filosofico e ideologico di Ligabue, dove tutto è limbo e nulla ha spigoli, Ligabue incide nel 1990 *Non è tempo per noi.*

Dice: «Ci han concesso solo una vita / Soddisfatti o no qua non rimborsano mai». Accenni al divino, malpancismo quasi-ateo, vaghezza esistenziale: c'è già tutto Ligabue. «E calendari a chiederci se / stiamo prendendo abbastanza abbastanza / Se per ogni sbaglio avessi mille lire / Che vecchiaia che passerei / Strade troppo strette e diritte / Per chi vuol cambiar rotta oppure sdraiarsi un po'.» Ligabue, dopo l'incipit misticheggiante, aggiunge spruzzate di pseudoautocritica: l'uomo ligabuista è sempre uno che fa un sacco di sbagli, però guai a dargli consigli perché è sempre bravissimo a sbagliare da sé. È un peccatore che sa di peccare, e per questo chiede preventivamente scusa. Oltretutto pecca poco, quindi l'assoluzione o la prescrizione qualcuno prima o poi gliela darà. Meglio ancora se, a farlo, sarà una donna. Una donna mamma, che lo protegge sempre, anche quando gioca alla *bambolina & ba-ba-ba-barracuda*. C'è poi la strada, che fa tanto Kerouac e inculca l'idea di viaggio e percorso di formazione. Il massimo, per un adolescente comprensibilmente non ancora pronto per l'epica spietata di Christopher McCandless *aka* Alexander Supertramp in *Into the wild*.

Attenti ora alla strofa successiva: «Che andare va bene però / A volte serve un motivo, un motivo / Certi giorni ci chiediamo è tutto qui? / E la risposta è sempre sì». E quindi, Ligabue? Cosa mi vuoi dire? Dove ti schieri, e soprattutto tu ti schieri? Mah. Boh. Non si sa. Si sa però, e giova ribadirlo, in un trip da sdoganamento a fini artistici di tutto ciò che è retorico, che il mondo è cattivo. Che vivere è quasi (il quasi torna sempre) senza senso. E che moriremo tutti. Il Ligabue-pensiero va appena un passo avanti rispetto al «Ricordati che devi morire» di *Non ci resta che piangere*. E noi, soprattutto allora, quando Liga ce lo diceva, eravamo tutti lì ad appuntarci da qualche parte «Sì sì, mo' me lo segno». Proprio come Troisi, ma con maggiore serietà di Troisi.

Prima che Ligabue sbrodoli nella seconda parte, lasciando spazio al romanticismo del quasi-John Wayne che ammicca furbino a «donne pazienti rassegnate ai nostri guai», è d'uopo lasciar qui spazio al ritornello. Autoindulgente e identificativo al contempo, in grado di generalizzare appartenenza anzitutto nei più giovani, che si sentivano più di tutti «fuorimoda, fuoriposto, insomma sempre fuori dai». Eccolo: «Non è tempo per noi che non ci svegliamo mai / Abbiam sogni però troppo grandi e belli sai / Belli o brutti abbiam facce che però non cambian mai / Non è tempo per noi e forse non lo sarà mai».

E allora? E allora ecco l'istantanea in cui tanti si sono crogiolati, crescendoci dentro e stando ben attenti a sorridere – mai troppo, però – mentre qualcuno ci scattava la foto: siamo sfigati, siamo soli, siamo mortali. Ma siamo fighi. Non sappiamo perché. O forse anzi lo sappiamo: perché ce lo ha detto Ligabue.

Si potrebbe affermare che si corre il rischio di dare troppa importanza a Ligabue. È possibile. Però la musica è colonna sonora della vita, ancor più quando ci si forma. E se è vero che c'erano tanti altri artisti, fortunatamente non solo italiani, è altrettanto certo che Ligabue è stato molto importante per quelli nati nei Settanta. Per chi lo ha amato o sempre detestato.

Quando cominciò, per la cronaca, c'era chi gli preferiva Marco Masini. «È lui il cavallo vincente», mi dicevano molti compagni di classe. «Altro che Ligabue.» Che luminari, che profeti, che vaticinanti sopraffini. Chissà però se il nostro Battisti fosse stato davvero Masini, tra vaffanculo ante litteram e mari che accarezzano i piedi. Oddio, forse è meglio non chiederselo.

Il coraggio di Edoardo, Ivan e Rino

Breve excursus italico. Nel pre-Sessantotto, c'era il beat ingenuo e un po' ancestrale, utopico a sua insaputa e naïf. Poi arrivano i cantautori, l'impegno, la militanza e la misticanza. Il cantautore diventa compagno di viaggio e spesso coscienza critica, o – quel che è peggio – profeta e portatore del verbo. Un profeta tollerato finché dice quel che vuoi sentirti dire e processato – a volte letteralmente – quando osa scartare rispetto alla strada maestra. Significativa la seconda metà dei Settanta, che vede una prodigiosa coincidenza di cantautori al picco massimo di incazzatura (il Gaber di *Polli di allevamento*, il Guccini de *L'avvelenata*) e un gruppo di musicisti in apparenza leggeri e in realtà avanti anni luce sugli altri.

Sono i cantautori accusati di destra, come già accaduto a Battisti, o comunque di disimpegno. Sono quelli per nulla fedeli alla linea, liberi e sghembi, lunari e non etichettabili. A volte meteore e a volte no. Rino Gaetano, Eugenio Finardi, Ivan Graziani, Edoardo Bennato, Alberto Fortis, Franco Battiato. Tutti al loro apice creativo.

Rimpiango quel tempo, perché c'era più aria di rivoluzione nel kazoo del primo Bennato, nell'ukulele del figlio unico Rino e nei ritratti di donna del monumentale Ivan che in tutta la discografia sbobbosa di Vecchioni, ma pure nell'aura cripticamente pensosa del Principe De Gregori, non ancora montiano deluso ma già allora diversamente simpatico e politicamente assai sdrucciolo. Trovatemi il coraggio di un Gaetano che fa nomi e cognomi in *Nuntereggaepiù*, tra spiagge di Capocotta che riecheggiano il delitto Montesi e prime stesure censurate dalla critica. Trovatemi un pazzo in grado di costruire una canzone sul furto di una moto da cross, tra noccioline americane e marche giapponesi, come Graziani. E trovatemi un cantante, oggi quarantenne o cinquantenne, che abbia avuto la forza e l'irriverenza di scudisciare con sarcasmo ispirato papi e potenti, come il Bennato di *Affacciati affacciati* o *Uno buono*.

Non lo troverete, se non occasionalmente. Per esempio *Verba manent*, primo album in studio di Frankie Hi-Nrg Mc. Anno 1993. Finalmente qualcuno che si incazzava. E lo sapeva fare.

In questo mondo di furbini

Gli anni Ottanta sono per noi decisivi, ma gli anni Ottanta sono in buona parte impietosi per la musica. I segnali di riscatto, di ribellione, di rinnovamento salvifico sono rari. Rarissimi.

Giorgio Gaber e Sandro Luporini si rifugiano nel privato, o così sembra, con il cosiddetto teatro d'evocazione. Enzo Jannacci parla giustamente di troppa brutta musica fatta solamente con la batteria. Gli Afterhours canteranno non meno giustamente che non si esce vivi dagli anni Ottanta. E infatti molti cantautori, e non solo cantautori, non si salvano. Restano lì, derisi e disgregati. Senza più idee, senza più nulla da dire (però continuano a dirla. Tipo Venditti. *Eeeeeh, in questo moooooooondo di laaaaadriiii. Eeeeeh.* Parole forti). Chi si salva? Chi attua una rivoluzione solerte e definitiva. Ivano Fossati, che darà aria alle sue stanze prima che sia Natale. I CCCP di Giovanni Lindo Ferretti e Massimo Zamboni, che vivono in un mondo tutto loro con linee a cui essere ligi che neanche esistono. I Litfiba, almeno i primi dischi. E poi Fabrizio De André, che cerca una sorta di esperanto – il genovesato antico – per raccontare un mondo drasticamente mutato. Che dunque esige meccanismi e modelli linguistico-musicali drasticamente mutati. Così come Fenoglio inventa il fenglese per narrare ciò che si confà come qualcosa di interamente nuovo e dunque richiede lingue del tutto inedite, De André cerca una brutale risciacquatura non più in Arno, ma nel Mediterraneo tutto.

Ragazzi selvaggi, ma anche no

Sia Faber che Fossati erano però troppo estremi per molti di noi. *Crêuza de mä* e *Ventilazione* sono del 1984: troppo presto. E troppa roba, o «tanta roba» come si suol dire oggi. E così, negli Ottanta, se andava bene ti beccavi uno Zucchero deluxe, un *Blue's*, una donna, una duna mossa.

Per il resto, ci si perdeva nella faida pietosa Duran Duran *vs* Spandau Ballet, che era come scegliere tra il niente e il nulla, e magari pure gli Europe, col loro *final countdown* ultracafonal. A fine 2014, presentando il docufilm *Duran Duran: unstaged*, diretto da David Lynch (un altro cerchio degli Ottanta che si chiude: l'alto e il basso, la sperimentazione e il commerciale), la band ha detto: «Abbiamo scelto lui perché i prodotti convenzionali non appartengono alla nostra storia». Mica niente: il convenzionale non appartiene ai Duran Duran. Addirittura. Qual è il singolo più noto della banduccia di Simon Le Bon? *Wild boys*. Ragazzi selvaggi. Ma selvaggi *de che*? E via, su.

E poi Madonna, la non vergine che solleticava prurigini facili e provocazioni telefonate. Pure lei decisiva nei nati sotto i Settanta, al punto che qualcuno è pure andato a vederla al cinema in quella sbroscia quasi sadomaso che era *Body of evidence*. Roba da rimpiangere, e subito, la scavallata senza slip di Sharon Stone in *Basic instinct*. La Madonna che, già allora furbissima, indovina lo slogan politico che chiedevano i suoi fan: *Papa don't preach*. Papà, non rompere le palle. Non proprio un messaggio dalla valenza simbolica di *I have a dream* di Martin Luther King.

E poi Mike Oldfield, il povero Mike Oldfield. Così distrutto dalla calma piatta degli Ottanta da abbandonare le sue campane tubolari, suonate per decenni in tutte le salse, per incidere un singolo melenso di cui palesemente era il primo a vergognarsi: *Moonlight shadow*. Baciato da un successo oceanico, che dice molto sul livello di rincoglionimento generalizzato tipico di quegli anni.

E poi il *Luka* di Suzanne Vega, la tamarraggine di Tina Turner, le ballate melense per Robin Hood fighetti à la Bryan Adams, l'odiosamente ridanciana *Shiny happy people* dei Rem, il video romantico-cartoon dei norvegesi A-Ha, la devastante *I like Chopin* (*dan dan dan dan*), le lacrime urlate di Sinead O' Connor (*yeowwnnn*) e le canzoni da struscio di Phil Collins, tipo *Another day in Paradise*, che furoreggiava nelle feste delle medie.

E poi meteore tipo Nick Kamen, a cui non so onestamente come siamo stati in grado di sopravvivere. O la boria fugace di Terence Trent d'Arby, che ha detto tutto in un disco, ma almeno l'ha detto bene.

E certo Michael Jackson, non però quello notevole di *Thriller*, quanto piuttosto *Bad*. No, dico, il video di *Bad*: ve lo ricordate? Lui vestito come uno psicolabile che vuole far guerra ai metal detector, che balla come un

coattone – Weird Al Yankovic ne sembrava bella copia
più che parodia – e si scozza sistematicamente gli zebedei
come neanche Carlo Verdone nelle sue caricature dei
burini de Roma. Ci rendiamo conto a che musica siamo
sopravvissuti?

L'interregno di Liga-Hewitt

E allora, nel 1990, Ligabue è decisivo. Perché è il meno
peggio e perché arriva a colmare un vuoto. Si inserisce in
una fessura del tempo, in un vuoto spazio-temporale di
contenuti, in un punto in cui quasi tutto girava senza spo-
stare aria alcuna. Liga sta alla musica come Lleyton Hewitt
al tennis: nessuno dirà mai che Hewitt sia stato il più forte
del mondo, però nel 2002 ha vinto Wimbledon (sì, lo ha
vinto) ed è finito sul serio (sì, sul serio) al numero 1 del
mondo. Perché? Perché stava finendo Sampras e non c'era
ancora Federer.

Ligabue si inserisce in quell'interregno. E l'interregno
eravamo anche noi. Certo, quello stesso anno escono *Le
nuvole* di De André, *Discanto* di Fossati e tanto altro. Cd
che in casa mia c'erano, e dunque ascoltavo. Li ho visti tutti
dal vivo, la prima volta, nello stesso anno: il 1990. Però
la musica angloamericana irradiava più che altro il trash
dei Guns N' Roses e l'ampollosità barocca dei Queen. E
allora uno si aggrappava al quasi-ribelle Ligabue, perché
era perfettamente funzionale al suo tempo. Ribelle ma
non troppo. Un Battisti che non avrebbe mai fatto svolte
tra *Don Giovanni* ed *Hegel*. E poi, nelle interviste e nei
concerti, Luciano non mancava mai di omaggiare U2 e
Bruce Springsteen, gli artisti stranieri a cui più di tutti ci
si aggrappava.

In mancanza di alberi di Joshua, tartarughe blu di Sting e
solitudini acustiche di Nebraska, e in attesa che anche Bono

Vox assecondasse pure lui la deriva ecumenico-buonista, tutto sommato ci andava bene anche l'erbazzone di Correggio.

Disimpegnati, ora e quasi sempre

È però un fatto che Ligabue sia un megafono con precise caratteristiche e contraddizioni. Apparentemente più schierato di Battisti o Baglioni, ma molto meno di Guccini. Un rocker non poi così rocker, arrabbiato ma chissà con chi, che insegnava a tirare a campare. De André era anarchico, Gaber era anarcoide, Guccini guidava le locomotive: vuoi vedere che Ligabue, in fondo in fondo, era cattocomunista? Ligabue rappresenta l'archetipo del cantante-tipo che ha successo tra i nati negli anni Settanta. Un po' Battisti senza averne il talento e un po' Guccini senza averne il morso. Se per De André i cantautori avevano voci potenti e lingue allenate a battere il tamburo, dunque voci adatte per vaffanculo, Ligabue neanche ci prova. Al vaffa preferisce l'urlo, non di Munch e neanche di Ginsberg, ma casomai della piada. Non per nulla, l'unica volta che Ligabue ha partecipato (con un videomessaggio) a qualcosa di veramente urticante dal punto di vista politico, il primo Vaffa Day dell'8 settembre 2007 a Bologna, poi se n'è pentito. O comunque un po' dissociato.

Pensate ad altri idoli più o meno coetanei di Ligabue, che hanno trovato il successo tra fine Ottanta e Novanta. Biagio Antonacci, che tutti giurano di non amare, però poi piace. L'idolo delle *milf*, le mamme sensuali, le «mother I'd like to fuck»; il Baglioni in diesis più rasoterra che minore. Cesare Cremonini, dichiaratamente melodico. E Jovanotti, che del vago senso di rabbia analcolica ha fatto la sua ragione di vita: uno spicchio di *Siddharta* di Hesse qua, un accenno a Che Guevara là, un po' di San Patrignano e un accenno a Madre Teresa di Calcutta. Shakera poi tutto con l'ombelico del mondo, una romanza per la figlia e un citazionismo *de sinistra*. Otterrai così quell'unica grande chiesa jovanottiana, che contiene pure lei tutto e il suo contrario. La rabbia, ma anche la calma. Il vino, ma anche la Fanta senza zucchero. Egli è il grande disinnescatore. L'eterno scopritore dell'acqua calda.

Jovanotti, oltretutto, rappresenta anche il riscatto: nato disimpegnato, proprio come la sua generazione, che ha cullato sui cubi da discoteca con i «Ciao mamma guarda come mi diverto», assurge col tempo a faro di una sinistra nel frattempo non più sinistra. Per quanto nato nel '66, Lorenzo Cherubini incarna molti aspetti dei nati sotto i Settanta.

I cantori della mia generazione, in Italia, sono soprattutto questi. Per avere più impegno, e talento, bisogna cercare i maestri più anziani e qualche ribelle fuori controllo, tipo Vinicio Capossela.

Quarantenni intrisi di *vorreimanonposso*, combattevamo già allora rivoluzioni per osmosi, per esempio ascoltando i Radiohead, che a vent'anni o poco più ci sono arrivati in faccia dandoci l'illusione che anche noi potevamo avere i nostri Pink Floyd di riferimento.

Persino l'impegno, dove c'era, era divenuto enfatico. Ridondante e rimbombante. Dal solenne *Biko* di Peter Gabriel al barocco *Mandela Day* dei Simple Minds. L'unica volta che abbiamo provato ad amare per compiere una rivoluzione che fosse al contempo pubblica e privata, è stata quando ci siamo imbattuti in quel live in cui i CSI cantavano ad Alba *La terra, la guerra, una questione privata*. 5 ottobre 1996. Chiesa di San Domenico. Il concerto perfetto.

Né carne né pesce, né mare né montagna (ma neanche collina: troppo complicata), siamo una pianura che passa dai finestrini di Ligabue mentre qualcuno urla a caso al cielo.

Torna ancora in soccorso a tale analisi, fatalmente soggettiva e parziale, Edmondo Berselli. Il quale, parlando di Max Pezzali, bistrattato da quasi tutta la critica e ritenuto il reietto da zimbellare, scriveva: «Possibile che nessuno si sia accorto che gli 883 rappresentano innanzitutto un'operazione sociologica, magari irritante ma irrilevante proprio no? Possibile che nessuno abbia sospettato che rappresentino quel pezzo d'Italia che viene su fino a noi dagli anni Cinquanta? [...] Di politico gli 883 non hanno praticamente niente. Nel loro "fast thought" non si sentono echi di ideologie [...]. Si direbbe che quelli della banda 883 non abbiano invece una gran voglia di essere buoni».

La dialettica, e l'eventuale scelta, è dunque limitata: non più tra impegno e disimpegno, bensì tra disimpegnati dichiarati e disimpegnati fintamente inconsapevoli.

Se i nostri padri sono cresciuti in anni affollati, ora di idiomi e ora di idioti, la musica che ci ha formato ha invece avuto un peso specifico impalpabile. Più niente che poesia. Motivetti e vuoto spinto. Caramelle col buco.

E a volte solo buco, dentro cui ci tuffavamo. Anche solo per provare l'ebbrezza comoda di cadere senza cadere.

Fabris senza gloria

Prima che appaltassimo il senso dell'epica alle serie tivù, abbiamo visto molti film. Va da sé che quando dico «noi» attuo ovviamente una forzatura, perché la generazione dei nati nei Settanta non esiste come corpo compatto e c'è ovviamente il rischio che il mio gusto si sovrapponga a quello della maggioranza dei miei coetanei.

Tuttavia, anche se non è importante scegliere questo o quel film, perché ognuno ha la sua classifica del cuore, è possibile individuare delle tendenze comuni. La lista che vi propongo non è quella dei film della vita, altrimenti avrei certo trovato spazio per *C'era una volta in America* o *La 25ª ora*. È piuttosto la lista dei film che in qualche modo hanno condizionato i «nati sotto il segno del presepino».

I tratti comuni che scorgo in queste pellicole sono: l'anelito al riso; l'overdose di romanticismo; la rivoluzione senza fretta; la rivalutazione del trash; il desiderio vago per una fantascienza tra *Gattaca* e *Blade runner*; e il chiedersi come saremo (e dunque siamo).

Del saper ridere

Raramente il cinema italiano ha saputo ridere bene come negli anni Ottanta. Soprattutto nella prima metà, con la forma aurea di Francesco Nuti e Roberto Benigni, Massimo Troisi e Carlo Verdone. E poi anche Alessandro Benvenuti. E Carlo Monni. Ma sì, pure Riccardo Pangallo.

Evidentemente era tale il disgusto per l'edonismo, e chiaro l'anelito verso un'isola ridanciana incontaminata, che quei comici cresciuti nella palestra dei fine Settanta hanno trovato le chiavi giuste per raccontare quel tempo. Una commedia all'italiana rivisitata e corretta, garbata ma non troppo, con picchi di talento rari.

Ovviamente c'era anche chi inseguiva pure al cinema le bassezze della nascente e sempre più florida tivù commerciale. Il cinepanettone nasce di fatto con *Vacanze di Natale*, anno 1983, bruttino ma dal successo smisurato e comunque superiore alla sua depravazione (anch'essa di successo) successiva.

Jam session tra fratelli maggiori

Il cinema che più catalizza i nati sotto i Settanta è però quello più poetico. Basta un *Madonna che silenzio c'è stasera* di Maurizio Ponzi, con un Nuti (perché lo avete dimenticato? Perché?) titanico, a sotterrare la produzione intera di qualsiasi Alessandro Siani e Checco Zalone, entrambi nati nei Settanta. Ah, che film. Il tormentome «O tu vai in Perù, o tu sposti la Chiesa...»; la corrida con Ricky Tognazzi lapidato dalla folla e il protagonista osannato per *Puppe a pera*; le citazioni di Charlie Chaplin; la madre ingombrante. Rivisto oggi, conserva ancora un garbo immacolato.

Il film che più si sedimenta nella memoria è un'improvvisazione jazzistica di (altri) due cazzari al top della forma, Roberto Benigni e Massimo Troisi. *Non ci resta che piangere* è così meravigliosamente imperfetto e sfacciatamente surreale da indurre la critica più bolsa a parlare di filmetto, di opera senza capo né coda.

È vero che non ha né capo né coda, ma qui non è un difetto. Benigni e Troisi dicono ai produttori che gireranno un film insieme. Si fanno anticipare un sacco di soldi. Viaggiano l'Italia in lungo e in largo. Quando tornano, mesi dopo, non hanno scritto quasi nulla. Ai produttori dicono solo: «Ci sono due che si perdono e viaggiano nel tempo». Fine.

Il film, effettivamente, è questo. Solo questo. Due tizi che si perdono «a Frittole» e viaggiano nel tempo, «quasi millecinquecento».

Tutti, di quel film, ricordano almeno dieci sketch. Dal «Ricordati che devi morire», «Sì sì, mo' me lo segno», a Troisi che scrive *Yesterday* o guarda Amanda Sandrelli in chiesa («Sì sì, ho capito.» Con «il» Monni che scoppia a ridere). Dal «Santissimo Savonarola, e noi lì, zitti, sotto i tuoi piedi» che riecheggia la lettera di Totò, al Leonardo grullo che però poi alla fine il treno lo inventa sul serio. Fino al tormentone del «fiorino»: «Chi siete? Cosa fate? Cosa portate? Sì, ma quanti siete?», «Un fiorino», con Benigni e Troisi che non trattengono le risate.

E con loro tutti noi.

Non ci resta che piangere è un'esplosione di talento. Una jam session dal gusto jazzistico tra due – per noi – fratelli maggiori che sapevano farci ridere. Uno se n'è andato dopo aver profuso le ultime energie nel film che più amava, l'altro è diventato cantor d'amore. Ed è forse adesso, non trent'anni fa, che davvero non ci resta che piangere.

Melassa d'amor

Quanto è piaciuta, ai nati sotto il presepe, la melassa d'amor. Più era manifesta, sdolcinata, caramellosa, meglio era.

Il sottotesto era sempre la favola. Del resto siamo anche stati la generazione dei Baci Perugina, più per il bigliettino che per la cioccolata. Il diabete c'è venuto prima ancora di scoprirlo con le analisi: non dipendeva da ciò che mangiavamo, ma da quel che guardavamo e ascoltavamo.

Per i cinici impenitenti è stata dura. Durissima. I colpi alla corazza sono stati continui. Per esempio *Ladyhawke*, con un Matthew Broderick stalagmitico e un Rutger Hauer che fa paura anche quando dovrebbe incarnare l'innamorato delle fiabe.

Va però anche detto che, tra falchi e vescovi inquisitori terrificanti, quel film aveva Michelle Pfeiffer. E la Pfeiffer, chiara e palese dimostrazione dell'esistenza di Dio, poteva fare qualsiasi film. Qualsiasi: noi gliel'avremmo perdonato.

Tra lei e l'erotismo didascalico di Kim Basinger in *Nove settimane e 1/2*, o della sempiterna Stone, non c'era paragone. Michelle ci avrebbe fatto innamorare ne *L'età dell'innocenza*, Sharon avrebbe al massimo fatto incazzare De Niro in *Casinò*.

Un trauma chiamato ballo

Sono però tre i film che più colpiscono l'immaginario sdolcinato degli attuali quarantenni. Nessuno di questi, ovviamente, è un capolavoro.

Il primo è *Dirty dancing*. Sottotitolo italiano: *Balli proibiti*. Per quell'effetto nostalgia più inquietante che tenero, quando nell'estate del 2013 – cioè ventisei anni dopo la sua uscita – è stato ritrasmesso in tivù, Twitter è impazzito. Lo hanno riguardato tutti. Magari criticandolo. Però l'hanno riguardato.

È un film che ha intercettato un umore collettivo, ma è comprensibile. Dentro, anzitutto, c'è il ballo. E il ballo, per la mia generazione, è sempre stato foriero di litigi e divorzi. Non esiste uomo che non abbia sentito dalla sua compagna o moglie, solitamente dopo i trenta, la frase terribile: «Ci iscriviamo a un corso di latinoamericano?». Niente può far male più di questo. Neanche il tradimento. Però prima o poi te lo chiedono. Ed è anche colpa di *Dirty Dancing*.

L'imprinting fu proprio quello, insieme a *Flashdance* e poi alle sbrodolate latinoamericane. Tipo la lambada.

Arrivavi a scuola e c'era sempre la quasi-bella che ti faceva vedere come aveva imparato la lambada. E tu, con mestizia, guardavi crollare a terra la tua libido, senza nemmeno che qualche Cialis potesse correre in soccorso (già. Anche Viagra e Cialis non c'erano ancora. Un casino, per chi faceva cilecca. Non c'era doping che tenesse).

Oltre al ballo, *Dirty dancing* aveva la favola della bruttina che si lascia preferire alla bellona e conquista il ballerino truce ma figo e in fondo in fondo dolce. Cliché su cliché, a cui si aggiungeva quel vago senso di ribellione generazionale dato dal fatto che Baby (sì, si chiamava Baby) avesse un padre rompipalle e inutilmente severo come un Giovanardi americano.

Il mix di ballo e rivolta generazionale dei giovani danzerecci contro i genitori stracciazebedei era un must dell'epoca, per esempio con l'altro polpettone a uso e consumo anzitutto delle aspiranti Baby, ovvero *Footloose* (mamma mia, che porcherie che ci siamo sciroppati).

Dirty dancing aveva poi un altro colpo tipico degli anni Ottanta: l'abracadabra atletico finale. In *Karate kid* c'era la mossa della gru, in *Dirty dancing* il salto nel vuoto.

Nella scena finale, interminabile e raggelante, Baby doveva saltare verso Patrick Swayze (parentesi. I quarantenni hanno amato Swayze. Anche solo per *Point break*. La sua morte ha fatto male anzitutto alla mia generazione. Molto male).

Va detto che Baby, erotica come un battipanni e con un look da sterminio spermatico (trucco da catechista frustrata, pantaloni da legittimo impedimento, Superga agghiaccianti: pietà, Dio mio. Pietà), per tutto il film non aveva imparato minimamente a ballare. Però, che tu fossi Swayze o uno spettatore, dovevi fingere di non accorgertene. Dovevi star lì e dire: «Ohhh, guarda lì quel manico di scopa come è diventata brava e sexy».

Come no.

Giunti alla fine, Patrick – lui sì un mito – la esortava a lanciarsi, mentre il pubblico rubato da un centro anziani poco distante osservava con afflato inutile un ballo del tutto privo di logica e scenografia. E lei, Baby, dopo avere atteso una mezzoretta, un po' come i calciatori di *Holly e Benji* che impiegavano dodici puntate per oltrepassare la metà campo, saltava. Leggiadra come un facocero crivellato all'altezza delle anche.

Una boiata pazzesca.

Dopo quel film, Baby, all'anagrafe Jennifer Gray, non ha praticamente fatto più nulla. Giustamente. Come Kelly LeBrock. Come Karina Huff, l'eterna biondina quasi-sexy, la versione analogica di Maria Elena Boschi. Come Ralph Macchio, il *Karate kid* della trilogia. Come Christopher Lambert, l'*Highlander* che «ne resterà solo uno» e poi il primo a non rimanere è stato lui. Per forza: non erano attori. Erano ologrammi. Proiezioni dei sogni più facili della nostra generazione.

Quello smanettone di Steve Vai

Mi trovo però costretto a una difesa d'ufficio di Ralph Macchio. Per tre motivi.

Il primo è che, con quel nome lì, un po' da *Happy days* e un po' da camionista che abbindola Geena Davis in *Thelma & Louise*, è già tanto che non si sia sparato.

Il secondo è che c'era anche lui ne *I ragazzi della 56^{esima} strada*, il film di Francis Ford Coppola in cui compare buona parte delle future star del cinema. Tra queste il più debole era Tom Cruise, che infatti è stato quello che più ha avuto successo. A partire da *Top Gun*, altra pellicola che ha vellicato i nostri istinti di machi pronti a guidare un aereo con la stessa facilità con cui (non) riuscivamo ad accendere il Game Boy.

Il terzo motivo per cui difendo Ralph Macchio è la sua presenza in un film ingiustamente minore. Si intitola *Mississippi adventure* e Macchio interpreta un chitarrista. La trama centrifuga miti e leggende del blues, compreso il crocicchio del demonio e il patto col diavolo *à la* Robert Johnson.

Il film è imperfetto, ma alla fine c'è un duello tra Macchio e un chitarrista demoniaco. Quest'ultimo è interpretato da Steve Vai, archetipo del chitarrista virtuosisticamente pipparolo che inondava ogni disco di assoli tanto difficili quanto emotivamente frigidi.

A fine Ottanta andavano di moda anche loro: gli Steve Vai, gli Yngwie J. Malmsteen, i Joe Satriani. Tutta gente di cui, ebbene sì, possiedo ancora i vinili.

Nel duello finale, il più bravo era palesemente Vai. Macchio, sempre con quella faccia da bamboccio mai lambito da scosse ormonali o desideri di iconoclastia, era doppiato da Ry Cooder: fenomeno vero, ora e sempre, da *Paris Texas* a *Get rhythm*. Passando per la slide guitar con cui dilania *Sister morphine* degli Stones. Il film esigeva il lieto fine, ma Vai non poteva sembrare meno bravo di Macchio. Neanche per finta. Così ecco l'abracadabra: Ralph suona un giro di blues e poi una scala, in apparenza facile ma di fatto impossibile per un pipparolo abituato unicamente alle *smanettonate* come Vai. Il quale, sconfitto, butta via la chitarra e (si presume) viene inghiottito dagli inferi.

Macchio, sempre col suo maestro accanto, che non era Miyagi («Dai la cera, togli la cera»: ci rendiamo conto?) ma in qualche modo gli somigliava, sorrideva e tutti ballavano.

Io, refrattario al lieto fine, a quel punto mi chiedevo che fine avesse fatto Steve Vai. Se fosse morto. Se stesse già bruciando all'inferno. E solidarizzavo con lui, anche se – a conferma di una confusione ideologica già allora irrisolta – i suoi dischi mi stavano già allora discretamente sulle palle.

Fantasmi e prostitute

Prima di placare la mia foga iconoclasta, che so già poter essere tacciata di maschilismo e magari pure misoginia, vorrei citare anche gli altri due film del genere «Amiamoci tutti, belli e soprattutto brutti», giusto per dirla quasi come George Weah in un'intervista alla fu *Controcampo* di Italia 1.

Il primo è *Ghost*, ancora con Patrick Swayze. Lui che muore, Demi Moore che lo perde, Whoopi Goldberg che fa la medium. Fantasmi, retorica, lacrime. E il faccione triste di Vincent Schiavelli. Un trionfo. Che – sì, lo ammetto – ha sempre fatto piangere anche me. Più rilevante ancora, quanto a longevità emozionale, è *Pretty woman*.

Lei fa la prostituta, ma non la si vede mai fare sesso, perché il film deve lasciare intendere che lei non è Bocca di Rosa ma una Monaca di Monza mancata per qualche *sliding door* dispettosa. Lui è un uomo in carriera, cinico e baro, ma persino lui cederà alle lusinghe dell'amor.

Di nuovo lo stereotipo del duro piegato e plasmato dalla donna: se voi, poveri e vili maschi, vi chiedete perché ogni donna che incontrate desideri anzitutto cambiarvi e redimervi, sappiate che è colpa di questi film qua. Di Richard Gere, di Patrick Swayze, di Tom Cruise. Di Baby – che non avrebbe redento neanche un fagiolo lesso – e di Julia Roberts. La quale, invece, non solo nel film redimeva, ma illuminava. Gli stivaloni infiniti, le gambe «avviticchiate» al corpo di Gere nella vasca da bagno, lo shopping con la carta di credito del riccone mentre le commesse frigide rosicano.

E poi la scena finale, che esemplifica e certifica la favola; lui che scala il condominio, lei che lo attende come il Principe Azzurro.

E vissero felici e contenti. Loro, più che noi.

Frignoni virtuali

Poiché figli di un presepe prolungato e tormentato, benché stravagante e contraddittorio, anche al cinema si è sempre inseguito il lieto fine. Soprattutto da bambini. Valeva tutto, da *Flash Gordon* (la «mia» Melody Anderson c'era anche qui) alla saga di *Guerre stellari* (*que viva* Chewbecca). Da *La storia infinita* a ET *Extraterrestre*.

Quel gran genio di Spielberg mette in scena la fiaba perfetta. L'alieno, brutto e diverso, salvato dal bambino. La bicicletta che vola via. «ET telefono casa.» E noi, tutti, che alla fine frignavamo. Come una vite tagliata.

La lacrima facile è un'altra costante della mia generazione. Più l'abbiamo trattenuta, più ci è uscita. Siamo incontinenti di lacrime, soprattutto al cinema. Forse perché non piangiamo abbastanza nella vita reale e, pure qui, sublimiamo altrove. Per interposta persona o attore.

Si è pianto quando Rutger Hauer (ancora lui) dice che è tempo di morire, come un Lucio Battisti replicante, in *Blade runner*. Si è pianto quando ET se n'è tornato a casa sua. Si è pianto quando Rambo si sfoga con Richard Brenna, o Rocky saluta l'allenatore scomparso.

Che frignoni virtuali.

Balboa votava Gorbaciov

A proposito di Rocky. Piccolo inciso. Quando, nel quarto episodio, Balboa doppiato da Ferruccio Amendola sparava quel pippone bipartisan sul «Se noi possiamo cambiare tutto il mondo può cambiare», di fronte a un Gorbaciov simile all'originale come la cover di *Creep* di Vasco Rossi all'originale dei Radiohead, molti di noi applaudivano.

Sì, applaudivamo.

Torna tutto: se come apprendistato politico hai avuto anche Rocky Balboa che ha appena randellato Ivan Drago contro ogni pronostico, ci sta benissimo che un Renzi qualsiasi passi per rivoluzionario.

È il minimo, come contrappasso.

Evasione deviata, leggerezza violenta

Serviva qualcuno che rivalutasse il brutto, cioè buona parte del nostro passato. Dei nostri modelli di riferimento. Quel qualcuno è Quentin Tarantino. Nella sua foia rivalutazionista, incentrata più che altro sui Settanta, ha salvato quasi tutto. Le Barbara Bouchet, il poliziottesco, lo spaghettaccio western. A volte ha fatto bene e a volte no.

Narcisista e feticista, dunque artista che non posso attaccare senza correre il rischio dell'autodemolizione, Tarantino ha riletto i propri miti d'infanzia sotto un'ottica tutta sua.

Sorta di Paolo Sorrentino più spettacolare e gigione, è uno dei registi più grandi degli ultimi trent'anni.

Prima con *Le iene* (1992) e poi con *Pulp fiction* (1994), Tarantino ha incarnato il desiderio di evasione deviata. Di leggerezza violenta. Di cazzeggio geniale. Di nuovo: ossimori adatti (anche) alla mia generazione.

Pulp fiction è divertente, postideologico, veloce, disturbante, sexy, stilisticamente perfetto.

Non poteva non piacerci, anche perché osservandolo non ci si annoiava e al tempo stesso si avvertiva la sensazione rilassante della rivalutazione di se stessi. Se Harvey Keitel è il risolutore, che ci esorta giustamente a non perder tempo perché non è quasi mai tempo «per farci i pompini a vicenda», Quentin è l'assolutore. Il nostro assolutore. Colui che tramuta in bello e addirittura artistico anche il brutto, e dunque pure noi. Noi e il nostro passato. Anzitutto il nostro passato.

Le Tre Kappa

Harvey Keitel, nei film che formano i nati sotto il presepe, c'era spesso. Attore di lusso che esplode proprio quando noi cercavamo qualche cattivo con la faccia giusta. O qualche buono evidente, come Kevin Costner in *Senza via di scampo*, *Gli intoccabili* e *Balla coi lupi*. È incredibile come, per almeno cinque anni, Costner sia stato il mattatore al cinema. Idolo incontrastato, sempre giusto, sempre bello, sempre vincente. E poi più niente. Di colpo o quasi. Senza che l'aiuto della regia di Eastwood in *Un mondo perfetto* o la delicatezza de *L'uomo dei sogni* potesse attutirne il crepuscolo anticipato.

Oppure Kevin Spacey, il Keyser Söze de *I soliti sospetti* e il macellaio di *Seven*. Un altro attore che per anni abbiamo visto sempre, con puntuali picchi recitativi, per esempio in *Americani* con Jack Lemmon e Al Pacino. Poi si innamorò di un progetto ambiguo di Alan Parker contro la pena di morte, *The life of David Gale*: fu un flop e da allora non ha più toccato il successo di un tempo.

La terza kappa è quella di Keanu Reeves, prima in *Point break* e poi in *Matrix* dei fratelli Wachowski. Anno 1999. L'Eletto, l'Oracolo, Trinity, Morpheus. Il nostro *Blade runner*, che ci ha indotto a immaginare un futuro diverso. Sarebbe bastato ingoiare la pillola giusta. Ma alla fine non abbiamo deglutito né quella rossa né quella blu.

Lasciando che a rischiare fossero sempre gli altri. Anche nei film.

Carpe diem?

«Oh, Capitano, mio Capitano.» Era il 1989. E giù, pure qui, a piangere. Tutti. Perché Robin Williams era tanto tenero, non solo in quel film – *La leggenda del re pescatore, Risvegli, Good morning, Vietnam* – ma più che altro in quel film.

L'attimo fuggente, vero titolo *Dead poets society* (troppo poco didascalico per il mercato italiano), traduce al meglio la tendenza gentilmente manichea (altro ossimoro) del cinema di fine anni Ottanta. I cattivi sono i padri, i buoni sono i ragazzi. Però c'è sempre qualche padre che si salverà e ci salverà, un po' Peter Pan e un po' Robin Hood.

Candido e teatrale, il maestro sognato ci dirà di strappare le pagine di libri inutili conducendoci a porte della percezione meno traumatiche ed eversive di quelle di Aldous Huxley. Epperò comunque innovative.

Il professore John Keating è una sorta di leader perfetto del Pd, che ovviamente il Pd mai avrà. Predica il verbo a un gruppo di ragazzi inizialmente riottosi e poi quasi tutti ribelli, a costo di ricevere il giunco dei tromboni della scuola per bacucchi ricchi del Vermont.

Keating perderà, ma vincerà. Sarà cacciato, ma avrà introdotto il granello di sabbia utopica nell'ingranaggio della restaurazione. E allora, dunque, solidarietà per il martire Charlie. Simpatia per il compagno Neal, che era poi Robert Sean Leonard, poi medico-punching ball del dottor House. E tenerezza per il giovine Todd, interpretato da un Ethan Hawke che credevamo emergesse più di quanto poi abbia fatto.

Carpe diem, Cogli l'attimo. Un mantra nella playlist dei miei compagni di viaggio quarantenni. L'abbiamo ripetuto tutti. Ma chissà se abbiamo poi dato seguito alle parole di Orazio.

La ferocia di Walter Finocchiaro

Il quarantenne di oggi ha sempre voluto sapere come sarebbe diventato. Per vedere l'effetto che fa, o avrebbe fatto.

Il cinema ha sempre battuto il filone nostalgico, basta pensare a *Un mercoledì da leoni* o alla scena finale, solenne e indelebile, de *Il cacciatore*.

È però negli anni Ottanta che si intensifica il desiderio di raccontare gli amici di un tempo quindici o vent'anni dopo, un po' come nella *Seventyfour, seventyfive* dei Connells.

In Italia il film che più ci colpisce è *Compagni di scuola*. Carlo Verdone lo gira nel 1988, a metà tra *Il grande freddo* di Lawrence Kasdan e *Gli amici di Peter* di Kenneth Branagh. Tutti bei film, con almeno una scena che non riesco a dimenticare: gli amici ritrovati, diretti da Kasdan, che corrono a giocare insieme mentre parte il brano *The weight* della Band. In quel film doveva esserci anche Kevin Costner. Il funerale che riunisce i vecchi compagni è il suo. In fase di montaggio, il regista tagliò tutte le scene in cui si vedeva. Per farsi perdonare, Kasdan gli donò la parte da protagonista nel western *Silverado*.

Temo che, dentro questo aneddoto, si nascondessero le avvisaglie della carriera sin troppo rapida di Costner.

Compagni di scuola era più dolente de *Il grande freddo*. È un Verdone senza speranza, che soppesa il fallimento morale di una generazione che non solo ha perso, ma ha pure fatto abbastanza schifo. Onorevoli per nulla tali, mariti pavidi, ricchi cafoni, paralitici finti e straccioni veri.

Per la mia generazione è stato come guardarsi allo specchio in un flashforward impietoso. Terminata la prima visione, ci si chiedeva chi sarebbe diventato Ghini e chi Eleonora Giorgi, chi Er Patata e chi il Ciardulli.

Il personaggio più respingente, ma odiosamente vero, era Walter Finocchiaro. Un burino de Roma, interpretato da Angelo Bernabucci, che scherza grevemente su tutto.

Quando il gruppo, ospitato da Nancy Brilli in una villa che dovrà abbandonare al mattino successivo, ripete mestamente il rito dell'appello imitando la loro vecchia professoressa, Finocchiaro ironizza alla notizia che un compagno di classe è morto: «Puzzava da vivo! Figuramose che c'è dentro quella bara! Ah ah ah».

Ah ah ah.

È però a inizio film che infierisce su un compagno di classe che non riconosce, perché è invecchiato. Molto invecchiato. L'amico si chiama Piermaria Fabris ed è lo zimbello di tutti, al punto da abbandonare subito il ritrovo. Lo interpreta Fabio Traversa, un caratterista che sembrava già anziano in *Come parli frate?* e *Io sono un autarchico*.

Nessuno o quasi ne ha pietà, di sicuro non Finocchiaro. «Teribbile, teribbile.» «Nooo, de profilo nooo, te prego nooo.» «È tremendo, è da denuncia! Uno nun se po' presentà ridotto così... Deve mannà 'n certificato... Ma d'ufficio d'igiene però!»

Quelle scene mi hanno sempre fatto l'effetto di *Fantozzi* o *Amici miei*: non ho mai capito cosa diavolo ci fosse da ridere. Verdone, come mai aveva fatto né mai farà, ci sbatte in faccia tutta la nostra immoralità. I nostri fallimenti. La nostra volgarità.

E a casa, da soli, ci chiedevamo chi di noi sarebbe stato Fabris. Chi di noi, dopo neanche troppo tempo, non sarebbe stato riconosciuto. Dai compagni, dai finti amici. E magari pure da se stesso.

Splendidi quarantenni?

Poi c'è Nanni Moretti. Che del resto c'è spesso, quasi sempre, dai girotondi ai politici cresciuti con *Happy days*. Per noi ha significato molto, più di quanto volesse. È con *Caro diario*, 1993, che racconta (anche) la sua generazione dicendo al cinema: «Io sono uno splendido quarantenne».

E anche qui, pur non essendolo ancora, ci si chiedeva: «Sì,

ma noi lo saremo davvero splendidi quarantenni? Oppure diventeremo dei Fabris? E chi stabilirà se lo saremo oppure no? Ce lo diremo da soli, come Moretti, o aspetteremo che una donna trovi le parole giuste – ché sono importanti, le parole – per insegnarci a non aver paura del nostro specchio? Di *Caro diario* mi rimane il terzo episodio, quello del linfoma di Hodgkin; mi rimane la Vespa, per scoprire Spinaceto e omaggiare Pasolini; e più di tutti mi rimane il crescendo finale della *Part I* di Keith Jarrett nell'irripetibile *Köln Concert* del 1975.

Il calcio in bocca di Sam Mendes

Poi c'è stato Sam Mendes, che ci ha dato un colpo basso. Nel 1999, con *American beauty*. Una bastardata, il personaggio di Kevin Spacey. Perché sembrava un quarantenne molto simile a noi, benché giovani. Un altro flashforward. Innamorato di una ragazza troppo più giovane; così poco attratto dalla moglie – che pure era Annette Bening – da masturbarsi a letto con lei accanto; d'un tratto edonista, col culto del fisico e della palestra.

E poi morto, morto ammazzato e senza colpe, proprio quando la ripartenza sembrava possibile.

Sam Mendes ci ha dato un calcio in bocca precisissimo. Che non ha fatto miracoli, differentemente da quanto ha scritto Marco Presta. Ma che in compenso ha fatto, e fa, male. Molto male.

Il Gran Mastro Titillatore

E poi c'è stato Muccino. Gabriele Muccino. E siamo tornati al punto di partenza: alla risacca buonista, alla quasi-sinistra, alla quasi-ribellione.

Al Jovanottismo, al Ligabuismo, al Renzismo. Al Maanchismo.

L'ultimo bacio, anno 2001. Il colpo di spugna agli afflati di rivoluzione. La restaurazione per le prurigini ribelli dei miei coetanei.

Come un Supertuscan che ti soddisfa al primo sorso ma poi te ne dimentichi, o peggio ancora ti stucca, Muccino ci diceva di dimenticare le finzioni pulp e gli attimi fuggenti.

Dalla casa in collina all'ultimo bacio, da Pavese a Muccino. C'era già Susanna Tamaro e di là da venire sarebbe arrivato Moccia.

Porca miseria.

Stefano Accorsi aveva già dimenticato la rabbia di *Radiofreccia*, rimanendo incastrato in un ritrattino generazionale in cui l'unico bivio era scegliere tra Giovanna Mezzogiorno e Martina Stella: un bivio da anni Ottanta, da paninari, bellezza tanta e sostanza poca.

Le urla di Giovanna o il lolitismo di Martina: *this is the question*, e tanti saluti a Shakespeare.

L'ultimo bacio è una gigantesca masturbazione collettiva, da cui non si salvano neanche Favino e Claudio Santamaria, che per espiare le loro colpe si travestiranno da sgherri in *Romanzo criminale* (c'era anche Giorgio Pasotti, ma Pasotti tutto sommato ne *L'ultimo bacio* ci stava bene).

Accorsi, che da quel giorno avrebbe interpretato quasi sempre e quasi solo parti da innamorato che prima tradisce e poi se ne pente, come il padre Maronno di Capatonda («E se poi te ne penti???»), che fa più pena che ridere, aveva dimenticato perfino la pubblicità del Maxibon. Quella del «cciu gust is megl che uan».

O forse la ricordava anche troppo bene, perché in effetti alla fine prendeva entrambi i gusti. Solo che poi, italiano e *bambacione*, se ne doleva. E dunque chiedeva perdono alla Mezzogiorno, nel frattempo divenuta isterica ad libitum e a prescindere, sempre e solo un urlo e un pianto, donna più oltre che sull'orlo di una crisi di nervi.

Proprio come Laura Morante nel successivo *Ricordati di me*, altra sagra della banalità generazionale, Bignami del quarantenne più frignone che merlo traditore. (E anche questa cosa della Morante che per anni ha solo sclerato per il tradimento dei mariti è una nostra colpa. La Morante era la stessa di *Bianca*, ragazzi. La stessa di *Bianca*. Che cosa le abbiamo fatto? Che cosa abbiamo combinato? Che razza di compagni siamo stati per ridurla così?)

Muccino, tecnicamente abile e contenutisticamente scaltrissimo, è il profeta del luogo comune. Il Gran Mastro Titillatore.

Con lui non si va mai in profondità. Ci si rifugia nel privato, senza però introspezioni da Truffaut o Godard.

Macché.

Un etto di nostalgia e un chilo di bozzetti generazionali, grazie.

Inglourious Fabris

E noi lì, tutti a specchiarci. A dirci che sì, effettivamente un po' mi sento come Accorsi.

E un po' come Bentivoglio.

E un po' come Pasotti.

A quel punto, fatalmente, rivalutavi Fabris. E speravi, ieri come oggi, che prima o poi Quentin ci facesse un film. Una roba tipo *Inglourious Fabris*. Fabris senza gloria. Con boom ai botteghini.

E noi in prima fila. Pronti a dire a Piergiorgio: «Stai tranquillo, Finocchiaro è morto. Lo abbiamo ucciso noi. Ci siamo svegliati. Abbiamo colto l'attimo. Vogliam fare la Rivoluzione. E sarai tu il nostro Che Guevara».

Sì, Piermaria. Proprio tu. *Hasta Fabris siempre.*

L'epica per conto terzi

Non ricordo un film realmente aggregante per la mia generazione uscito dopo il Duemila. Probabilmente sarò stato distratto io, o magari son gusti, ma nei Duemila il cinema diventa meno rilevante per l'immaginario dei nati nei Settanta.

Eravamo cresciuti, scollinando quantomeno i vent'anni. Chi aveva già figli, chi non aveva euro da spendere per andare al cinema.

È anche un discorso di fruizione. Nei Novanta dovevi uscire di casa per vedere film o comprare musica. Adesso no. Basta scaricare, si spera legalmente, un disco o un film.

Il Capodanno del 1999 è anticipato da sentori di disgrazia, apocalissi imminenti e Millennium Bug. Non succede nulla, a parte due cose: Carlo Conti è sempre in tivù e noi siamo molto meno al cinema.

Nel frattempo è cambiata anche la moneta, da lira a euro.

Ci dicevano che un euro corrispondeva a poco meno di duemila lire. È andata un po' diversamente.

La narrazione cambia

Il cinema, che c'è stato e che rimane, diventa secondario. E non solo perché un film visto a vent'anni ti colpisce più che a trentacinque: perché è cambiata la fruizione e, più che la poetica, la narrazione.

I temi sono sempre gli stessi, ma accade qualcosa. Il cinema si trasferisce in televisione. Sia perché lo guardiamo spesso sul piccolo schermo, magari in *home theatre* fatti più che altro per vantarsi con gli amici o per ascoltare a tutto volume la sparatoria in cantina di *Inglourious bastards* di Tarantino.

E sia perché il cinema lascia spazio alla serie televisiva. Lentamente, ma inesorabilmente, la serialità conquista spazio e rilevanza. Diventa sporca, politicamente scorretta, coraggiosa. Racconta il presente molto più di tanti film. Non ha paura, non ha filtri e al tempo stesso genera affezione. Dipendenza.

Il pubblico principale delle serie televisive è fatto anche (soprattutto?) da quarantenni, che trovano in esse due fattori: continuità e brutalità.

La continuità è un retaggio che i quarantenni si portano dietro perché cresciuti (anche) con le telenovele e le serie di qualità, per esempio il *Pinocchio* di Luigi Comencini, con una colonna sonora che faceva paura. E non ho mai capito se fosse voluto.

E poi i primi telefilm, oggi mitizzati pure troppo, da *Hazzard* a *Wonder woman*: una delle più grandi produttrici di onanismo mai viste sul piccolo schermo.

La brutalità è ciò che permette al quarantenne di togliere il tappo, di liberarsi dalla melassa buonista e maanchista, di uscire dall'epica del pareggio per peccare – e magari vergognarsene, ma peccando – con gli zozzoni di *Sons of anarchy*, i bastardoni rancidi di *Shield* o il cattivo quasi-buono di *Breaking bad*.

Continuità e brutalità: ciò che dà la serie tivù e non più il cinema.

Sublimazioni di epiche assenti

La serie tivù ha anche un valore che sottende un'implicita mancanza: la fiction come sublimazione di un'epica assente.

La serialità è un appalto che chiediamo al piccolo schermo: non potendo quasi mai concretizzare il sogno, e avendo comunque bisogno di tempo perché l'utopia sedimenti e l'emozione attecchisca, chiediamo a personaggi seriali immaginari di lottare e cambiare al nostro posto.

La rivoluzione in sub-appalto. L'epica per conto terzi.

Oltretutto la serie tivù costa meno, perché te la trovi a casa sul Mac, spesso in lingua originale.

C'è sempre stata. Ma era diversa. Molto diversa. Più leggera, più d'accompagnamento, d'intrattenimento. C'è ancora oggi il telefilm senza pretese, ma è diventato minoritario. Negli Ottanta e primi Novanta, no. Era il contrario. Serie come *Homeland* e *True Detective*, negli Ottanta, erano impensabili.

C'erano Magnum P.I. coi baffi, bischeroni mascellati che parlavano con le Supercar. E qualche raro *Miami Vice*, non a caso ideato da Michael Mann, a interrompere l'edonismo del presepe. Dominante anche nelle serie tivù. Pure lui formativo, pure qui decisivo. Con alcune varianti.

E poi un funerale.

E infine una catarsi.

Ecco tutto quello che ci ha diversamente affinato l'epica.

Famosi, mai

Non esiste una serie tivù sfigata come *Saranno famosi*. Tutti quelli che l'hanno interpretata, poi, non sono diventati minimamente famosi. Anzi spesso sono proprio morti, e molti anzitempo.

Saranno famosi, film e serie, raccontava le vicende di una scuola di invasati che si vestivano malissimo e non avevano talento. Però credevano di averlo. Chi ballava era bravo, e le ragazzine impazzivano, mentre i maschi si sottoponevano per amore e amicizia a sessioni devastanti di *pliés* e *développé* della professoressa Lydia Grant – palesemente sadica – e delle nevrastenie da star di LeRoy, che poi è morto di Aids.

La Grant ripeteva poi una parola insondabile che tutti sembravano comprendere tranne me, e la cosa mi faceva abbastanza incazzare. Che parola era? Una cosa tipo «Pasburè». «Paborrè.» Boh. Nessuno però diceva niente. Parevano comprenderla sul serio. Di colpo tutti esperti, come quando c'era *Luna rossa* ed era tutto un parlare di cazzare la randa.

Soltanto anni dopo ho capito che quella odiosissima parola della Grant erano in realtà tre: «pas de bourrée». Corrisponde, più o meno, a una rapida serie di tre piccoli passi, spesso eseguita come passo di preparazione, legamento o termine.

A *Saranno famosi* era tutto un fare tre rapidi e piccoli passi. Praticamente facevano solo quello.

Poi c'era chi cantava. Lo faceva malissimo, o comunque senza mai incantare, però alla fine i professori del telefilm trasecolavano e li guardavano neanche fossero novelli Robert Plant. E tu ti sentivi cretino, perché pensavi: «Cavolo, ma soltanto a me piacciono di più Peter Gabriel e Bono Vox?».

Era una vita difficile, non per loro ma per noi. Di sesso neanche a parlarne: guardare *Saranno famosi* per soddisfare le nascenti prurigini era come guardare un porno con la Binetti nel ruolo di Moana Pozzi (a proposito: Moana Pozzi è stata un'altra icona. Vera, coraggiosa, eretica. Ma l'abbiamo clamorosamente sottovalutata).

Saranno famosi era poi correttissima. Diabeticamente garbata. Du' palle. C'era pure la bruttina simpatica, stereotipo tremendo, Doris Schwartz. Che poi non era neanche troppo simpatica. E comunque non sapeva fare niente, ma proprio niente: a pensarci, Doris secondo me era Biagio Antonacci.

E *Saranno famosi* era, infine, esteticamente inaccettabile.

Inseguiva un cool minimale, una cosa tipo «ci vestiamo male però ci vestiamo bene». Ma a riguardarla risulta vera solo la prima parte.

L'emblema del pessimismo adolescenzial-cosmico, di cui *Saranno famosi* era intriso, era Bruno Martelli. Sempre triste, sempre col padre malato. E poi i capelli. Mai visto uno pettinato così male. Prima di Casaleggio, intendo.

Summa della sfigaggine paraedonista degli Ottanta, *Saranno famosi* va in onda dal 1982 al 1987. Sono anni di delirio, soprattutto negli Stati Uniti, con gli attori che fanno concerti in giro per l'America. La gente impazziva. Un anno dopo neanche se lo ricordavano già più.

Saranno famosi ha anche ispirato *Amici* di Maria de Filippi.

Ho visto ergastolani così puniti per colpe tutto sommato minori.

Ci abbiamo i miliardi, però quanto siam tristi

Ovvero *Beverly Hills 90210*, la più grande schifezzina degli anni Novanta. La *Beautiful* per adolescenti, la *Dallas* de noantri, la *Sentieri* per postpaninari.

Quando mi rimetterò a Dio avrò colpe da farmi condonare, e aver visto *Beverly Hills* è a tutt'oggi una delle peggiori (tra quelle raccontabili, almeno).

Dal 1990 al 2000. La trama: un gruppetto di fighetti miliardari (ci) ha problemi. Tanti problemi. Non si sa quali, ma ce li ha. L'adolescenza, la droga, l'amore, il buco nell'ozono.

Era tutto problematico, ma poco. Come vedere tanti Paris Hilton che si intristivano per lo smalto sbeccato. Drammi veri, di cui a scuola si parlava per ore, con faide tra i fan di Brandon, il solito baccellone bravo di mammà, e Dylan, la versione patinata di un James Dean sognato da Valeria Marini.

Donne che litigavano, fratelli minori che si improvvisavano rapper, genitori pallosissimi. La secchiona che non faceva sesso. E uno dei più grandi fagioli lessi nella storia dell'uomo: Steven Sanders, sorta di Ridge ma ancor meno espressivo.

La mia generazione è sopravvissuta al *Gioca Jouer*, al corvo Rockfeller, al robot Zed, ad Alfiero Toppetti, all'«Has Fidanken» di Gianfranco D'Angelo, a Steven Sanders, e alle seghe mentali di Donna Marie Martin. Gli anticorpi non ci hanno mai fatto difetto.

Hanno ammazzato Laura, Laura è viva

Tra le scene più indelebili della mia adolescenza: l'inquadratura sulla foto di Laura Palmer, a fine puntata, con la musica di Angelo Badalamenti a minarti le budella, al termine della prima puntata di *Twin Peaks*.

Se n'era appena visto il cadavere, a bordo fiume.

I segreti di Twin Peaks, anni 1990-91, è l'antesignana della serie televisiva di qualità. Infatti dietro, anzi dentro, c'è David Lynch.

Commistione di generi, creazione di un mondo altro in cui è credibile tanto il paranormale quanto il *doppelgänger*, nani inquietanti e ballerine decadute. L'ironia di Gordon Cole. Il male incarnato da Bob. La quotidianità che nasconde sempre peccati. Il gigante buono.

E Dale Cooper, che registrava i propri pensieri e faceva supposizioni solo per lui possibili.

Twin Peaks è stata per la generazione dei nati nei Settanta l'alibi televisivo perfetto. Se è vero che il piccolo schermo ha una forza di leone e ti addormenta come un coglione, per dirla con Jannacci, già allora la tivù poteva essere anche *Twin Peaks*.

Serialità, qualità. Fascino, orrore. Continuità, brutalità.

Twin Peaks era avanti di almeno vent'anni. Un elettroshock contro il disimpegno.
Grazie, Dale. Grazie, David.

Oh, finalmente adesso scopiamo

Sex and the city fa scoprire ai maschi una cosa incredibile: anche le donne parlano di sesso. Non solo: ne parlano peggio degli uomini.

L'uovo di Colombo di *Sex and the city* è nel trasferire lo stereotipo degli uomini al bar nella contestualizzazione glam di una New York fighissima.

Le protagoniste sono ovviamente tutte ricche e, altrettanto ovviamente, non hanno problemi seri. Sono carine, ma non bellissime: per agevolare ulteriormente l'immedesimazione.

Per molti aspetti è una sorta di *Beverly Hills* al femminile soft porno, e infatti il creatore è lo stesso – Darren Star, quello di *Melrose Place*: quante colpe ha quest'uomo.

C'è però l'aggiunta dell'emancipazione femminile, che non ha qui un'accezione di sinistra ma mira al vero obiettivo trasversalmente condiviso e di rado raggiunto dall'umanità: l'orgasmo.

Molti uomini odiano *Sex and the city*. Per forza: se lo guardano, scoprono che le loro mogli e compagne a) ridono di lui, b) non godono con lui, c) sono più disinibite di lui. Questo, per il maschio alfa, ma pure beta o zeta, è intollerabile. Se ne facciano una ragione: *Sex and the city* è uno sfogo, una rivincita, una vendetta. Patinata e *très chic*, con le femmine disposte a barattare il loro regno (giustamente) per una Louboutin, ma in qualche modo di rottura.

Su questo solco, sottraendo sesso ma aggiungendo torbido, si inserirà *Desperate housewives*. Che però arriva dopo, forse troppo dopo.

Amici mai

Friends è stato l'*Happy days* dei nati nei Settanta. Tutti impazziti per un gruppo di amici che litiga, ma poco, ma sì, ma no. E quelli che stanno insieme però poi si lasciano, però poi si riprendono. E poi la musichetta della sigla. E poi lo sciroccato che fa le battute. E poi quello strano che piace. E così per dieci anni, dal 1994 al 2004.

Un cinetelepanettone *de sinistra.*

Mi garantirò i fischi di molti coetanei, ma l'unica cosa che mi piaceva di *Friends* era Courteney Cox. Ma, anche in quel caso, mi piaceva di più prima e dopo.

Prima, cioè quando Bruce Springsteen la fece salire sul palco durante il video di *Dancing in the dark.*

Dopo, cioè quando fece la direttrice spietata in *Dirt.*

Per dieci anni aveva fatto la tonna in un telefilm appartenente al filone presepe. Quando la liberarono dal supplizio, distrusse tutto ciò che incontrò. Sprigionava sesso come poche altre.

Lost in Lost. La catarsi

Un'isola. Dei naufraghi. Il passato, il presente, il futuro.

Lost ha successo perché è fatta benissimo. Ma anche e soprattutto perché arriva dopo un lungo periodo di formazione televisiva. Dopo anni passati a chiederci se eravamo più Dylan o Joey, Phoebe o Brenda, e anche grazie a rivoluzioni autentiche come quella dei *Sopranos* o delle varie *CSI*, tra un Christopher Moltisanti e un Gil Grissom, finalmente qualcuno ci diceva che esistevano anche i Desmond e i Sawyer.

Lost arriva quando siamo già grandi. Costituisce una sorta di catarsi. La fine dell'innocenza televisiva, ma anche l'inizio di una possibile ripartenza. Da naufraghi, confusi e felici, sommersi e salvati. Però vivi. Forse. E per una volta anche il forse va bene.

Come siamo

I traumi che ci hanno cementato

Una delle critiche più inattaccabili rivolte alla mia generazione riguarda la sua qualità.

La sua rilevanza.

Perché, innegabilmente, l'arte era molto superiore nei Sessanta e Settanta? Cosa c'era, ieri, che poi non abbiamo più scorto? Passare da Bob Dylan a Povia, oggettivamente, è indifendibile.

Sacrifici e brodini

Deve essere successo qualcosa, o forse deve non essere successo qualcosa.

Cos'è che cementa una generazione? Cos'è ciò che la plasma e scolpisce? I padri putativi, le muse, l'aria tesa che si respira, le pulsioni politiche, gli accadimenti storici. E i lutti.

Qualcosa che porta una generazione intera, magari attorno ai 15-20 anni, proprio quando fa più male, a elaborare un'assenza che muterà il percorso esistenziale di chi è rimasto. Improvvisamente solo, o quantomeno – in qualche modo – sguarnito.

I nati nei Settanta non hanno avuto a prima vista eventi che li hanno travolti. Una fortuna immensa, sia chiaro.

Rimpiangere gli anni di piombo sarebbe folle. Ogni giorno si rischiava la vita. Ma quella tensione e quell'aria, in qualche modo, ti costringevano a una presa di coscienza intesa non solo come fatto privato ma anche come rapporto dialettico con la sfera pubblica; con l'anelito alla rivoluzione; con l'indignazione.

E invece noi no. In qualche modo cullati e avvolti da un eccesso di pacificazione apparente, di guerra civile fredda, come l'ha chiamata Luttazzi, che da un lato ci cresceva pasciuti e dall'altro ci anestetizzava le coscienze.

L'assenza di traumi evidenti ha portato con sé una sorta di perdita del centro di gravità permanente, a cui abbiamo dovuto sostituire una sempiterna e confusa ricerca della rilevanza perduta.

Dalla responsabilità affollata dei Settanta alla irresponsabilità trastullata dei giorni nostri. Dalla piazza dove rivendicare il proprio ruolo al tinello senza neanche più poster da attaccare alle pareti. Perché non sappiamo più quale sia l'icona o il feticcio che meriti anche solo una piccola esternazione privata.

Niente terrorismo, niente Piazza Fontana, niente Piazza della Loggia, niente Italicus, niente Aldo Moro.

E neanche il sacrificio di Enrico Berlinguer, che il 7 giugno 1984 preferì arrivare al termine del discorso di Padova, accettando di fatto di morire di fronte alla sua gente, pur di non interrompere l'empatia con il suo popolo. Entrato in coma dopo il comizio, morì quattro giorni più tardi.

Un exemplum prodigioso, un martirio struggente, un sacrificio sommo, a cui la mia generazione ha dovuto sostituire le cazzate di Michaela Biancofiore o i brodini di Francesco *The man* Boccia.

Emozionati per interposta persona

Si potrebbe dire che la caduta del Muro è invece stata più significativa, più forte, più dirompente. È vero fino a un certo punto. Probabilmente eravamo troppo piccoli, nel 1989, per elaborare il lutto di qualcosa che non avevamo vissuto appieno.

Quando Nanni Moretti gira il documentario *La cosa*, per soppesare l'impatto che ha avuto la svolta della Bolognina nei militanti, intervista ovviamente donne e uomini molto più grandi di noi, che in larga parte – al tempo – neanche eravamo maggiorenni.

Paradossalmente la caduta del Muro ha avuto per molti di noi le fattezze di qualcosa di spettacolare, più che di politico.

Di nuovo, e come forse i nati sotto gli Ottanta (più «nel mezzo» e orfani di noi, così smarriti da eleggere una meteora chiamata Vasco Brondi *aka* Luci della Centrale Elettrica come Kurt Cobain tascabile), ci trovavamo emozionati per interposta persona: perché vedevamo emozionati gli altri. E dunque lo eravamo anche noi.

La caduta del Muro è anzitutto un evento, a cui assistiamo da spettatori che ne percepiscono la portata più visiva che storica.

Il muro che crolla non è tanto quello della cortina di ferro, quanto quello di Roger Waters, che ricanta *The wall* per la 780esima volta (e almeno altrettante ne sarebbero arrivate) e lo fa con quelle che sembravano le guest star dell'epoca. E il pensiero che tra di loro ci fosse pure quella sguaiata tamarrona di Cyndi Lauper fa capire come eravamo messi.

Quella sera, il 21 luglio 1990 a Berlino, con Waters e Lauper c'erano anche Bryan Adams e Van Morrison, Thomas Dolby e Ute Lemper, Sinead O'Connor (un'altra meteora della nostra adolescenza) fino agli Scorpions. Quei tamarroni c'erano sempre. Sempre. Solerti come nessuno a distruggere tutto.

Il 12 dicembre 2012, più di ventidue anni dopo, durante il *Concert for Sandy relief* al Madison Square Garden di New York, accanto a Waters c'era Eddie Vedder. La voce dei Pearl Jam, l'autore della colonna sonora di *Into the wild*. Insieme hanno cantato *Comfortably numb*. Una resa pazzesca.

The wall è invecchiato bene. Waters è invecchiato bene. Vedder non è invecchiato per niente.

Noi, boh.

Tieni a mente Tienanmen

Roger Waters c'entra anche con un evento che ricordo nitidamente. Con un dolore certo maggiore di quello che mi portò la caduta del Muro. Più ancora: un'empatia maggiore.

Era lo stesso anno, praticamente gli stessi giorni. La protesta di piazza Tienanmen. Tra le istantanee della mia, e non solo mia, formazione ci sarà sempre il ragazzo senza nome che si frappose ai carri armati.

«Tieni a mente Tienanmen» cantarono i Litfiba. Aggiungendo poi, ma solo per dare un contentino al loro pubblico: «La morte la porta la libertà e la violenza perderà».

Deng Xiaoping, capo del PCC e del governo cinese dal 1978 al 1992, ordinò la repressione cruenta. Giustificandola come l'unica maniera per mantenere l'ordine sociale e salvaguardare il progresso economico.

La notte del 3 giugno, l'esercito si mosse verso piazza Tienanmen. Contro gli studenti disarmati. Non si è mai saputa bene la cifra, né mai la sapremo.

Il governo cinese parlò inizialmente di 200 civili e 100 soldati morti. La CIA stimò 400-800 vittime. La Croce rossa riferì 2600 morti e 30.000 feriti. Le testimonianze di stranieri affermarono invece che 3000 persone vennero uccise. Le stime più alte parlarono di 7000-12.000 morti. Organizzazioni non governative come Amnesty International hanno denunciato che, ai morti per l'intervento, vanno aggiunti i giustiziati per «ribellione», «incendio di veicoli militari», il ferimento o l'uccisione di soldati. E reati simili: tale numero sarebbe attorno alle 1300 unità.

Dando credito alle rivelazioni di Wikileaks, la carneficina non si verificò nella piazza Tienanmen ma in zone poco al di fuori del centro di Pechino. Cambia poco.

Il «Rivoltoso sconosciuto», così è passato alla storia, resta l'immagine di quel massacro. Si oppose al passaggio di un plotone di carri armati Tipo 59 e salì su uno di essi per parlare con i militari. L'immagine, divenuta emblema di pace e protesta gandhiana, fu scattata dal fotografo Jeff Widener dal sesto piano dell'hotel Beijing di Pechino. Era lontano più o meno un chilometro, lente da 800 mm. Nell'aprile 1998, la rivista «Time» ha incluso il Rivoltoso sconosciuto nella sua lista delle «persone che più hanno influenzato il XX secolo». La rivista, giustamente, sottolinea anche l'importanza del pilota del carro armato, che si rifiutò di falciare il connazionale. Nonostante i pochi dati in possesso, sottoposti alla censura del regime cinese, si può ricostruire l'accaduto.

Il fatto ebbe luogo nella grande avenue di Chang'an, vicina a piazza Tienanmen. Era il 5 giugno 1989, il giorno dopo che il governo cinese aveva dato inizio alla repressione sanguinosa.

L'uomo si mise in mezzo alla strada e sfidò i carri armati. Teneva in una mano una busta e nell'altra la giacca. Quando i carri armati giunsero allo stop, il ragazzo sembrò volerli scacciare.

Non si è mai saputo che fine abbia fatto il Rivoltoso sconosciuto. Non se ne conosce tuttora neanche il nome. Un quotidiano britannico scrisse che fu giustiziato giorni dopo l'accaduto, ma non è mai stato confermato. È libero o in carcere, vivo o morto? Non si sa.

Di sicuro per noi è vivo.

In tutto l'Occidente, quel ragazzo viene considerato un simbolo di pace e libertà.

In Cina fingono di non conoscerlo. Se provate a digitare su Google in cinese «piazza Tienanmen», appaiono solo foto di turisti. Niente protesta, niente carri armati.

Niente Rivoltoso sconosciuto.

In qualche modo, a Tienanmen, c'era anche Roger Waters. Non come per il Muro, ma quasi.

Nel 1992, tre anni dopo la mattanza, incise il suo disco migliore da solista, *Amused to death*. Dentro c'era *Watching tv*, dedicata a una studentessa uccisa durante la protesta della primavera cinese.

Dice: «We were Watching TV / Watching TV / In Tienanmen Square / Lost my baby there / My yellow rose / In her bloodstained clothes / [...] She's everybody's sister / She's symbolic of our failure / She's the one in fifty million / Who can help us to be free / Because she died on TV».

Torri e YouTube

L'altro evento che ci colpisce, ovviamente, è l'11 settembre 2001. Ma è in qualche modo qualcosa che arriva quando ci siamo già fermati. Che condizionerà e condiziona il nostro futuro, ma che stordisce ancor più la generazione successiva.

Se il Muro di Berlino cade quando per noi è troppo presto, le Torri Gemelle cadono quando per noi è già troppo tardi.

Del crollo delle Torri Gemelle ricordo i martiri che si lanciarono dalle finestre. Ricordo la diretta. E ricordo YouTube.

Le catastrofi avevano assunto un aspetto nuovo: erano multitasking, virtualmente reali e sempre riproducibili. Ovunque. Eterne. Bastava un clic e le torri cadevano ancora. L'idea stessa del lutto mutava i connotati formali della sua elaborazione, dall'evento singolo e in qualche modo non riproducibile, alla sua serialità.

Noi, anche qui, ci troviamo in mezzo. Cresciuti stando a casa per ore davanti a Videomusic nell'attesa che la tivù ritrasmettesse il videoclip preferito, con le cuffiette dei nostri walkman antidiluviani e niente iPod da scorgere all'orizzonte, scoprivamo una volta di più come l'emozione era ormai in heavy rotation e non richiedeva certo puntamenti del (peraltro ormai defunto) videoregistratore.

Tra il prima e il dopo. Tra l'analogico e la banda larga. Un po' vecchi e un po' nuovi.

Noi.

Giovanni (e) Paolo

Non riesco a inserire vite e morti di Papi nella formazione della mia generazione. Ricordiamo appena la meteora di Papa Luciani, morto mentre nascevamo, e a Giovanni Paolo II ci siamo affezionati – anche i laici – più che altro per il coraggio nell'esibire la propria malattia; nel resistere; nel non nascondersi.

I nostri genitori trovarono fondante Papa Giovanni XXIII, i nostri figli stanno già amando Papa Francesco. Noi ci siamo fermati all'affetto papista perlopiù distratto.

I più grandi lutti della mia generazione sono stati civili e non religiosi. I martirii di Giovanni Falcone e Paolo Borsellino. Entrambi caduti nel 1992, quando il cambiamento sembrava possibile. Il loro sacrificio, e le bombe dell'anno successivo a Firenze, Roma e Milano, ci dicevano che avremmo dovuto lottare. Perché quelle morti non risultassero vane. Continuo a chiedermi se, con Giovanni e Paolo, siamo stati di parola. E continuo a non darmi risposte positive.

Nei cinquantasette giorni che intercorrono tra la morte di Falcone e la sua, Borsellino si consegna alla fine con eroismo sovrumano. Intimamente convinto che sia quella l'unica strada. Sa di avere il destino segnato e sa di avere contro, anche e anzitutto, pezzi dello Stato, in una storia che – fra trattative e agende rosse – resta quasi tutta da scrivere. O forse solo da ufficializzare.

Borsellino è stato uno dei più grandi maestri che abbiamo avuto. Una delle sue frasi più citate è questa: «Chi ha paura muore ogni giorno, chi non ha paura muore una volta sola».

Ne ricordo anche un'altra: «Mi uccideranno, ma non sarà una vendetta della mafia, la mafia non si vendica. Forse saranno mafiosi quelli che materialmente mi uccideranno, ma quelli che avranno voluto la mia morte saranno altri».

L'emozione per le morti di Falcone e Borsellino, il 23 maggio e 19 luglio 1992, fu tale che molti si iscrissero a Giurisprudenza con la sola idea di provare a emularli. Tra questi, anch'io.

Prima di farlo, ebbi la fortuna di ospitare nel mio liceo scientifico, al Cinema Politeama di Arezzo, l'ex magistrato Antonino Caponnetto. L'unica mia esperienza politica militante, nella Rete di Leoluca Orlando e guarda caso proprio in quegli anni, la devo proprio a Caponnetto. Salii sul palco, gli porsi una domanda. Gli chiesi cosa avremmo dovuto fare. Mi rispose, con la sua voce garbatissima: «Lottare, perché se voi non lo farete, Giovanni e Paolo si saranno sacrificati invano». Così mi iscrissi alla facoltà di Giurisprudenza di Siena. Mi fermai dopo un anno. Scoprendo una volta di più la differenza tra maestri e spettatori.

Un pantheon «ludico»

La mia generazione, osservandone snodi e date, ha avuto lutti legati più alla sfera in qualche modo ludica che a quella politica. Non è un dato di poco conto: se la sensibilità di una persona e dei suoi coetanei dipende da chi hai perso troppo presto, e che nel sacrificio ti ha donato in qualche modo il testimone, dipende anche da quale testimone ti è stato dato. E da chi.

Anche sotto questo aspetto, i nati nei Settanta si trovano cementati da lutti che hanno poco di ideologico e molto di spettacolare, quasi che anche le cicatrici dovessero rispettare quell'idea profonda o epidermica di disimpegno.

Qualcosa che ha sempre a che fare con lo svago, più che con la cultura.

Il nostro pantheon dei morti c'è. Esiste. È un famedio che ci ha ferito e commosso, oggi come ieri. Ma contempla eroi laici, che alla dimensione ideologica hanno preferito quella artistica.

E se è proprio la perdita collettiva di un'ideologia a cementare il Noi, allora è anche per questo che la nostra è la generazione dell'Io, dell'anarchismo inconsapevole, della scuola di Adorno mai letta e del tutti per sé e qualcuno (magari Dio, ma al limite anche solo Renzi) per tutti.

Massimo (1953-1994)

Così mi ricordo, per esempio, la morte di Massimo Troisi nel 1994. Un altro sacrificio.

Malato e moribondo, preferì girare le ultime scene de *Il postino* invece che volare a Houston per un'operazione non più procrastinabile al cuore.

Mi ricordo i caffè che lo rendevano nervoso. Mi ricordo le smorfie, Frittole e gli sketch in tivù con Gianni Minà.

Troisi aveva 41 anni. Era bello, era bravo. Era solare. Nell'ultimo film è scavato, dolente, premoriente. Fra vie del Signore finite e calessi d'amore, erano passati dieci anni da *Non ci resta che piangere*.

Era cambiato tutto. E non c'era più molto da ridere.

Jeff (1966-1997)

Anche noi abbiamo avuto il nostro Club dei 27, ovviamente però derivativo.

Un'eco dei lutti e dei dolori passati, di chi già c'era passato. Hendrix, Joplin, Morrison. Gli «angeli dalla pelle troppo sottile», come li ha chiamati Giulio Casale nello spettacolo *La canzone di Nanda*.

I nostri angeli sono stati Jeff Buckley, morto per scherzo – epperò sul serio – a neanche 31 anni, mentre cercava di nuotare lungo le rive del Wolf River, un affluente del Mississippi.

Era la sera del 29 maggio 1997. Jeff aveva già nuotato in quelle acque. Le conosceva.

Si immerse tenendo addosso vestiti e stivali. Arrivò fino ai piloni del ponte dell'autostrada. Canticchiava *Whole lotta love* dei Led Zeppelin. In quel momento arrivò un battello, creando un gorgo che verosimilmente lo risucchiò.

Con lui, a riva, c'era il suo roadie Keith Foti. L'unico testimone. La polizia, per giorni, non trovò nulla. Il corpo venne avvistato il mattino del 4 giugno da un passeggero del traghetto *American Queen*. Era impigliato tra i rami di un albero sotto il ponte di Beale Street, la via principale di Memphis. Il corpo fu riconosciuto per la maglietta e il piercing all'ombelico. L'autopsia non rilevò tracce di alcol e droghe. Fu archiviato come un incidente.

Buckley ha avuto una delle voci più virtuose del rock. Ricca, varia, barocca. Era la voce di molti di noi.

È morto per uno scherzo, per un errore, per una leggerezza. Quasi a voler sottrarre serietà persino alla morte.

Kurt (1967-1994)

Tre anni prima, suicida alla maniera di Hemingway, si era ammazzato a 27 anni Kurt Cobain. Uno dei ribelli preferiti dalla mia generazione, mitizzato ieri come oggi. Lui e, in misura minore, altre voci del grunge. Su tutte Layne Staley. Il suo è uno dei sacrifici più «ideologici» che ci ha travolto. «È meglio bruciare in fretta che spegnersi lentamente.» Lo scrisse prima di morire. Una citazione da Neil Young, che nella versione originale di *My my hey hey* continuava così: «Perché la ruggine non muore mai».

La ruggine, Kurt, neanche ha mai saputo cosa fosse.

Ayrton (1960-1994)

Poi c'è lo sport. Ho bene in mente le lacrime di mio padre quando morì Gilles Villeneuve a Zolder nell'82. Ci ho pure scritto un libro, su Gilles: la quintessenza del sognatore nichilista. L'eroe che rifugge la razionalità, che alla maturità preferisce il sacrificio. Un altro, come e più di Kurt, che non ha dato tempo alla ruggine di arrivare.

La mia generazione ha però pianto molto di più per Ayrton Senna. Il malinconico, il campionissimo, l'invincibile. Non lo compresi subito, non ne capii immediatamente la grandezza epica. E ancora me ne dolgo. Se ne andò nel 1994. Come Troisi, come Cobain. Un anno tremendo.

Il 1° maggio, come molti, ero davanti alla tivù. Ci morì davanti, in diretta. Senza colpa. Rottura del piantone dello sterzo. La Williams che dimentica una curva. Lo schianto. I soccorsi inutili. Il bollettino medico.

Se Buckley morì per scherzo, Senna crepò senza colpe.

Molti dei nostri lutti, gli stessi che ci stavano cementando, dimostravano di avere le fattezze del casuale e dell'iperfatalistico, come se uno degli insegnamenti a essi sottesi fosse quello di ritenere la morte prematura non come l'addio di un eroe giovane e bello, ma come il mero ghiribizzo del destino. Quasi a sottrarre ideologia persino al sacrificio.

Con Ayrton siamo morti in tanti, abbandonando la

Formula 1, ché senza lui non avevano più senso. Come molti sono morti con Marco Simoncelli, abbandonando le moto, ché senza il Sic non aveva più senso. Il Sic era bello, era buffo. Era solare.

L'ho conosciuto, ci ho lavorato. L'ho visto tante volte nel paddock, tra il 2009 e il 2011. Una volta scrissi un articolo che non gli piacque. Quando ci ritrovammo, a Doha, per il primo gran premio di quella che sarebbe stata la sua ultima stagione, lo andai a trovare. C'era anche suo padre Paolo. Bastarono pochi secondi. Mi strinse la mano e sorrise. Un sorriso intero e senza filtri: «Va bene, nessun problema. Tranquillo».

Il Sic era un ragazzo puro. Un altro Gilles, meno malinconico ma egualmente refrattario alla ruggine, che si specchiava in *Siamo solo noi* di Vasco e non si staccava mai dai propri sogni. Ci si attaccava, coerentemente e cocciutamente, a costo di passare per immaturo.

Non aveva filtri, concepiva l'errore come un'anomalia necessaria nell'inseguire la propria utopia ed è morto da idolo. I nati nei Novanta lo ricorderanno come noi ricordiamo Ayrton e i nostri padri Gilles.

Fortuna che quel 23 ottobre 2011 a Sepang non c'ero.

Pirata (1970-2004)

Nato nel 1970, Marco Pantani muore il 14 febbraio 2004. Solo come un cane, nel giorno di San Valentino. In un residence qualsiasi, chiamato Le Rose, che ha alimentato le teorie non so quanto complottistiche dell'omicidio; della massoneria della Rosa Rossa; e dei messaggi in codice ritrovati nella stanza sottosopra («Colori, uno su tutti rosa arancio come contenta, le rose sono rosa e la rosa rossa è la più contata»).

Il suo anno d'oro fu il 1998, anche se per tutti i Novanta si rivelò essere l'eroe d'Italia. E ovviamente anche della mia generazione. Perché era forte. Perché era eroico, buffo. Tenero, indifeso. Perché era sfortunato. E perché scattava, con l'idea – che aveva in sé una portata rivoluzionaria enorme – del correre più forte in salita per abbreviare l'agonia. Non ho mai visto, non in prima persona almeno, nessun caso così evidente di campione dimenticato in un giorno.

Bastarono i controlli, per nulla chiari e anzi assai sospetti, di Madonna di Campiglio 1999 (che attestarono peraltro un valore eccessivo di ematocrito che non comportò una squalifica ma una sosta precauzionale di quindici giorni), perché quasi tutti lo dimenticassero.

Da eroe a reietto in un attimo. La sua psiche non resse. Depressione, abisso, morte. A trentaquattro anni.

Non mi sono mai posto il dubbio se fosse innocente o colpevole. Credo sia stato colpevole come quasi tutti nel ciclismo. Ma credo che pagò più di altri e molto più del dovuto. E sono certo che le emozioni da lui generate fossero vere.

Quando il Pirata morì, piansi come per nessun altro sportivo. Non fui il solo. Non lo sono neanche oggi.

Quando parli di Pantani tocchi un nervo scoperto. Subito si scatenano tifosi e colpevolisti. È qualcosa che ha ferito nel profondo non il ciclismo, ma il Paese.

Sarà capitato a tutti di chiedersi, per quanto oziosamente, se sarebbe stato meglio nascere in questo o quel periodo. A me sarebbe piaciuto vedere i Led Zeppelin nel '70, Muhammad Ali a Kinshasa e magari il monumentale Stevie Ray Vaughan – altro lutto terribile, almeno per me – nei suoi primi e già prodigiosi concerti. Ma non puoi avere sempre tutto ciò che desideri, come cantavano i Rolling Stones.

Ho però avuto Marco Pantani. Ci ha regalato emozioni e azzardi irripetibili. Vederlo era un rituale, era un'appartenenza. Chi non ha visto in diretta i suoi scatti in salita, la sua bandana sfilata come a lanciare il segnale dell'inferno da scatenare, non sa veramente cosa sia stato il ciclismo. Ma più che altro il sentirsi parte di un popolo, per una volta non soli, per una volta non apolidi. Certo, era un'appartenenza ludica e non politica, ma per i nati sotto i Settanta è quasi sempre stato così. Disimpegnati anche nell'impegno, impegnati anzitutto nel disimpegno. Una generazione al contrario, rovesciata e involontariamente *à rebours*, come nel romanzo di Joris Karl Huysmans.

«Scatta Pantani» non era una frase di Adriano De Zan: era un messaggio in codice per quelli nati più o meno quando lui sparigliava. Per i padri che perdevano gli anni. Per i nonni che tornavano in sella.

Nel deserto infinito dell'appartenenza, lui era il miraggio. Ci aveva insegnato a prendere in controtempo il destino, a resistere alle angherie della sorte, a beffarsi dei pronostici.

Nel naufragio emozionale dello spettatore, lui costituiva l'anomalia. Era l'elaborazione del lutto prima ancora di essere lui stesso lutto. Approdo e appiglio isolato alla solitudine dei numeri unici più che primi, era lui – e forse solo lui – quel poster che cercavamo per il nostro tinello, nel frattempo bombardato dall'assenza di miti e slanci.

I nati nei Settanta perdono il tinello, per incuria emotiva e sbadataggine ideologica. E per questo smarriscono la voglia antica di attaccare al muro il volto di un punto di riferimento, fosse esso un cantante o uno sportivo.

Pantani rovescia questo scenario: è il feticcio inattuale – e involontariamente rivoluzionario – di una generazione inattuale – e volontariamente poco rivoluzionaria.

Se ci penso, «Scatta Pantani» è stato l'unico partito che ho amato veramente nella mia vita.

Almeno una volta si perdeva

Giorgio Gaber, nel 2001, incise un disco intitolato *La mia generazione ha perso*. Può anche essere, anzi per quel che vale ne sono convinto, ma almeno la sua ha giocato. La mia, mica tanto. Come hanno ironicamente cantato Luca Bizzarri e Paolo Kessisoglu proprio in un recital dedicato al Signor G, se la generazione di Giorgio ha perso, la nostra non è neanche scesa in campo. E un po' è anche colpa di chi, come Luca e Paolo, ha talento, ma fa di tutto per disinnescarsi. Perché conviene o perché in ogni caso è meglio così. Si rischia di meno.

Bertoli, nel brano *Così*, cantava: «Non amo trincerarmi in un sorriso / Detesto chi non vince e chi non perde». Non pensava certo alla mia generazione, ma l'ha fotografata molto bene.

C'è qualcosa che inchioda i nati nei Settanta all'equilibrismo. Al tutto e al niente. Una sorta di epica perenne del pareggio, che ci condanna a stare in panchina.

Ci crogioliamo in canzoni lagnose che autoassolvono dalla nostra stasi. Ci emozioniamo per film che ci tratteggiano come tontoloni puntualmente cornuti e mazziati. E ci struggiamo per libri che stanno a Pier Paolo Pasolini come Justin Bieber a Jimi Hendrix.

Vorrei poter poi dire, a proposito di libri, di averne avuti di fondanti. Non tanto io, che forse ne ho avuti, quanto la mia generazione. Ma non me ne vengono.

Certo, i ragazzi di sinistra hanno amato i libri di Stefano Benni e il ciclo di Malaussène di Pennac, il Fabio Montale di Izzo e il Pepe Carvalho di Vázquez Montalbán.

C'è chi ha comprato *Siddharta* di Hesse perché lo citava Jovanotti, chi ha creduto alle comuni di Andrea De Carlo, chi ha abbracciato il realismo magico di García Márquez e Amado come i nostri fratelli maggiori. Chi ha amato Fenoglio, chi Saramago e chi Faulkner.

Ma un libro solo fondante, no. Un libro fino in fondo nostro, no.

Siamo stati lettori anarchici, non per l'attitudine iconoclasta ma perché leggevamo poco e al tempo stesso di tutto. Da Zagor, a cui puntualmente Ligabue alludeva nel primo disco, ai miti greci riletti da quel Luciano De Crescenzo intravisto di notte al *Costanzo show*.

A molti, specie in fase adolescenziale, piacevano Edgar Allan Poe e Franz Kafka. Di solito andavano di pari passo con la sbornia per il dark o per i Pink Floyd. Fosse stato per Kafka, di lui non avremmo letto nulla. Chiese più volte all'amico Max Brod di bruciare tutte le sue opere. Brod, per nostra fortuna, non lo fece.

Jorge Luis Borges ha ironizzato su come uno degli apici letterari novecenteschi sia arrivato a noi grazie a un'amorevole disobbedienza. Chi, tra gli scrittori italiani nati nei Settanta, potrebbe essere salvato da un'analoga disobbedienza? Chi ha anche solo sfiorato un vertice memorabile? Chi, tra di loro, non ha inseguito deliberatamente il pareggio?

Fuga verso il pareggio

Almeno una volta si perdeva. Ora no. Un pareggio tira l'altro. Troppo spesso sembriamo quei calciatori che, nei dopopartita, in un tripudio reiterato di congiuntivi disattesi e frasi dispensate con l'ignoranza di chi può permetterselo, dicono cose tipo: «Il pareggio sarebbe stato il risultato più giusto».

Ecco: noi siamo sempre alla disperata ricerca del pareggio. Non è un caso che tra i cantautori quarantenni non ci sia stato un Bertoli, e che anche i più impegnati e dotati – come Giulio Casale, Afterhours o Marlene Kuntz – preferiscano spesso la cerebralità incazzosa alla schiettezza arrabbiata.

Il nato nei Settanta insegue il pareggio oppure, se è nato incendiario, quasi se ne dispiace. Se ne duole. E allora cerca di indorare la pillola con un surplus di citazionismi atti a dare credibilità politica a chi non crede di averla. Cioè a se stesso.

Io non lo so se la generazione di Gaber abbia perso. Probabilmente sì, perché ha creduto in un mondo poi non nato, regalandoci più che altro macerie. Però ci ha provato. Ha ottenuto successi, forse funzionali e addirittura calcolati dal capitalismo, ma li ha ottenuti. Il divorzio, l'aborto. Il femminismo, l'ecologia.

Ha lottato, diviso tra pulsioni rivoluzionarie e quotidianità private, incapace di raggiungere l'interezza adorniana: ma ha lottato. Ci ha provato.

Noi, boh.

Scissi come nessuno, neanche proviamo più a risolvere la questione privata di fenogliana memoria. E al tempo stesso non abbiamo nemmeno voglia di rifugiarci nella casa in collina di Pavese, anche perché la casa non ce l'abbiamo e quella collina nel nostro Garmin non c'è. Non si vede, non si trova. Non c'è satellite.

Però qualcuno ce l'ha fatta. Ed è proprio individuando chi ha avuto successo, o anche solo chi è emerso tra i nati nei Settanta, che si possono forse mappare le tendenze di una generazione.

Che è, sia chiaro, anche generazione di talenti. E neanche troppo comuni. Poco legati tra loro, però.

Individualisti distratti, che non fanno gruppo e neanche si accorgono di quanto si somiglino tra loro.

Evidenziando le caratteristiche dei quarantenni *deluxe*, o così presunti, paiono scorgersene i punti cardinali: la «pareggite», il disinnesco, il mugugno, il caos.

Caparezzismo

Da Caparezza, all'anagrafe Michele Salvemini, anno 1973. Caparezza è molto bravo e molto quarantenne. Rappresenta la mia generazione, e i cantanti nati nei Settanta, come pochi altri.

Il cantautore nato nei Trenta e Quaranta aveva un culto così smodato per la parola da sacrificare per essa la musica, spesso relegata a mero accompagnamento.

Caparezza attua il meccanismo opposto. Si sgancia dalla linea di mezzo, costituita per esempio dai Daniele Silvestri (1968) e Samuele Bersani (1970), cantautori in qualche modo classici benché più musicali, e utilizza la parola seguendo un afflato centrifugante. Rapper colto, definizione che non vuol dire nulla ma che qui si usa per comodità, è un Jovanotti che non canterà mai *Gimme five*.

Caparezza scrive testi notevoli, ma li notano in pochi. Non sono la prima cosa che suscita attenzione. Volutamente. L'artista di Molfetta colpisce per la presenza scenica, per i capelli, per gli arrangiamenti. Perché gioca al cazzaro impegnato.

Ed è qui che risiede l'abbassamento geniale di Caparezza, perché è proprio il «cazzaro impegnato» una delle sintesi che fotografa i suoi coetanei e che piace a quelli venuti dopo.

Caparezza non è Max Gazzé (1967) né Niccolò Fabi (1968), peraltro dotati. Ha qualche anno in meno ed è cresciuto con modelli diversi. Bastano cinque anni di sfasamento, oltre che un decennio differente, per avere un mondo interiore che ruota altrove.

Se Caparezza fosse nato nei Cinquanta, sarebbe stato Rino Gaetano e avrebbe cantato *Nuntereggaepiù*. Ma è nato nei Settanta, e allora canta *Fuori dal tunnel*.

Però la canta da cazzaro colto, cioè da ossimoro, e in quanto tale genera cortocircuiti. Al punto che, poi, quello che era un singolo di denuncia contro il divertimento decerebrato diventa un motivetto canticchiato da tutti. Ovvero a uso e consumo di chi si nutre di divertimento decerebrato. La bomba teorica non solo non fa esplodere il bersaglio, ma addirittura lo titilla.

Caparezza è un bombarolo che finisce col piacere a chi subisce l'attentato. Un risultato commercialmente redditizio, e dunque bene, ma contenutisticamente disinnescato, e dunque male.

Un po' come Simone Cristicchi (1977), un artista che ha cantato di tutto, a Sanremo come a teatro, ma che per molti resterà sempre quello che voleva essere Biagio Antonacci, ovvero il Petrarchino delle casalinghe disperate, anche se in quella canzone, solo in apparenza leggera, utilizzava Antonacci come esempio di ciò che sarebbe comodo essere ma non si dovrebbe essere. Non se si coltivano velleità veramente artistiche.

Per Caparezza, questo sfasamento tra creatività e percezione vale ancora di più. Ha scritto canzoni belle e dure. Ha talento. Ma è troppo quarantenne, proprio come «gli italiani erano troppo italiani» per Luca Carboni, e dunque è sempre un po' dentro il tunnel. Anche se vorrebbe starne ben fuori.

Delpierismo

Ho scritto Delpierismo, da Alessandro Del Piero (1974), ma avrei potuto dire anche Tottismo, da Francesco Totti (1976).

95

Due simboli dello sport italiano. Entrambi nati nei Settanta. Entrambi buoni e forse buonisti. Il primo è sempre stato il fantasista con la testa sulle spalle, vessato da infortuni ma in grado di rialzarsi. E senza mai alzare i toni.

Il secondo, ex Pupone boro de Roma, ha via via assunto i connotati dello sportivo quasi impegnato, che scherza sulle proprie lacune culturali e fa beneficenza senza gridarlo.

Sono esempi positivi, stimabili e pure loro emblematici dei nati nei Settanta. Non è un caso che Balotelli sia nato dopo: non poteva nascere nei Settanta. Condivide con noi la tamarraggine, che declina però secondo stilemi che incrociano Snoop Dogg con Axl Rose. Un melting pot esteticamente inquietante. E poi ha troppi spigoli. Che invece quel decennio – il mio – smussa e leviga. Anche nello sport.

Non sto dicendo che sia un bene o un male, o che sia sempre così: ma è soprattutto così. La letteratura sportiva, quando poteva permettersi di credere che il calcio fosse cartina al tornasole di una società (lo pensava per esempio Adriano Sofri), aveva la possibilità di attingere a figure spiccatamente romantiche. Innatamente epiche. Da Muhammad Ali a Gilles Villeneuve, passando per George Best e Gigi Meroni.

Prima di morire anzitempo per implosione e nichilismo, Best amava spendere soldi in donne e auto, e «il resto li butto via». Lo sportivo nato nei Settanta, nato non sotto Saturno ma dentro un presepe, tiene invece di conto. Non è quasi mai iconoclasta: non si fa, non conviene. Non disturbate il conducente, anche se lo vedete dormire mentre guida. Vuol dire che è stanco.

Gigi Meroni era un ribelle, Del Piero al massimo parla ai passerotti. Come un san Francesco del Carosello 2.0.

Quanto a Totti, campione prodigioso e longevo, è un macho a metà, sbruffone ma anche tenero. Un fallo di reazione qua e un ciuccio mimato là. Se Paolo Sollier usava il pugno per ricordare a se stesso di credere alla Rivoluzione, Francesco usa la mano per pocciarsi il dito.

C'è chi nasce incendiario e finisce pompiere.

Lo sportivo nato nei Settanta è nato Grisù.

Valentinismo

Da Valentino Rossi, 1979. Il più grande campione italiano nato nei Settanta.

Altra figura emblematica, perché incarna il ribelle oltremodo talentuoso che si fa via via più riflessivo. Il ragazzo che rilasciava interviste ubriaco nel camper, dopo aver vinto nella classe 125, è poi divenuto l'uomo che aveva il coraggio benedetto di dire che Michael Schumacher gli stava sui maroni.

Schumi era il colletto bianco, il razionale, il freddo. Il calcolatore. Il Terminator. Valentino, no. Lui scherzava e si arrabbiava. Lui prendeva per il culo Max Biaggi e sapeva giocare, oh, se lo sapeva fare, con la stampa.

Rossi è per certi versi paragonabile a Benigni. Come lui, ha ritenuto impossibile andare avanti con la recita del Cioni Mario. E così, un giorno, è divenuto soltanto Valentino: ovvero un campione, ma meno empatico.

Anche se non lo ammetterà mai, Valentino ha capito che non si può essere Gilles Villeneuve per sempre, a meno che non si metta in conto il proprio martirio. L'alternativa, per i talenti puri, è assecondare proprio un percorso di *schumacherizzazione*. Ovvero la sua nemesi. Ovvero ciò che ha fatto Roger Federer, l'ex spaccaracchette reincarnatosi cyborg.

Rossi, da buon nato sotto il segno del presepe dei Settanta, ha scelto la via di mezzo. Il compromesso. Il pareggio. Né rivoluzionario e neanche robot. Semplicemente, Valentino.

Alfie-Orfismo

Da Matteo Orfini, nato nel 1974, e Angelino Alfano, nato nel 1970. Mi scusino i miei coetanei, e più in generale i lettori, se ho avuto l'ardire di immaginare una categorizzazione legata a due figure fortunatamente marginali della politica italiana. Il primo è un non-giovane non-turco del Pd, il secondo è il non-leader del Pdl.

Però, pure loro, sono emblematici. Di loro, anzitutto, colpisce l'aspetto fisico dolente e anzitempo decaduto. Hanno 40 anni o giù di lì, ma ne dimostrano 312. Perché?

Che è successo alla nostra generazione? Cos'è che ci ha consumato così? Davvero guardare Bonolis e *Bim Bum Bam* ci ha fatto tanto male?

Alfano e Orfini incarnano quell'approccio pentecostale, come di chi vive una Quaresima infinita, che si scorge nei quarantenni di oggi.

Quasi che essere giovani, per chi è nato e cresciuto nell'edonismo, fosse in sé una colpa. Anzitutto per chi fa politica e dunque deve incantare con il pensiero (e stiam freschi, vai). Pensate, per esempio, a Roberto Speranza. Anzi, non ci pensate.

Alfie & Orfie sono poi drammaticamente derivativi. Uscito da una puntata mai conclusa e troppo vera degli *Sgommati*, Alfano è chiara propaggine del capo Berlusconi. Peraltro neanche troppo stimata, da Berlusconi come dai colleghi di partito, che lo ritengono un Quisling senza quid. Il grado zero del carisma. Il mai prode Angelino è il delfino eterno, che non convince neanche quando finge di ribellarsi. La sua, se esiste, è la rivolta apparente degli schiavi. Un gioco delle parti. Una recita per nulla coraggiosa, bensì furbina e sottotraccia. Un accoltellamento alla schiena, da Bruto ipotetico che tradisce il peggiore dei Giulio Cesare.

Orfini, se possibile, è persino più implodente: spacciato per dissidente (di chi? di cosa?) dalle cronache politiche, è nato e cresciuto nelle segreterie di partito. Dà l'idea di un uomo che, anche durante l'eventuale orgasmo, pensa a cosa gli direbbe Dario Franceschini se lo vedesse sudare in quel modo. Stempiato, la barba di chi in *Ecce Bombo* avrebbe fatto la comparsa e in *Compagni di scuola* sarebbe stato in ballottaggio per il ruolo di Fabris, Orfini ha la voce di un Massimo D'Alema (non a caso suo ex mentore) imitato da Sabina Guzzanti.

Il politico quarantenne è spesso derivativo, irreggimentato, per nulla affamato di cambiamento – anche se è una parola che ha sempre in bocca. Diviso tra amazzoni più o meno caricaturali (Biancofiore, Gelmini, Ravetto, Carfagna) e polli di allevamento assai quieti, non fa paura ma casomai induce al riso. O al pianto. In entrambi i casi, involontariamente.

Fanno eccezione alcuni 5 Stelle, di rottura dichiarata, ora preparati e ora meno, ma quantomeno non imbalsamati, siano essi un po' naïf come Alessandro Di Battista o anzitempo scaltri come Luigi Di Maio. Il loro mantra, non a caso, è: «O la va o la spacca. I movimenti rivoluzionari non pareggiano». Vanno cioè in totale controtendenza con la mia (e in buona parte la loro) generazione. Per certi versi sono contronatura. Nel gioco dell'oca della rottamazione, i 5 Stelle sono gli ortodossi e i renziani i moderati. Sconfitti i primi perché troppo nuovi, trionfanti i secondi perché rassicuranti nel loro disinvolto *deja vu*. Nuovi di fuori e vecchi di dentro, come tanti piccoli democristiani.

Ambrismo

Da Ambra Angiolini, nata nel 1977. Attenzione a sottovalutarla, perché ricalca anche lei il modello jovanottiano o se preferite carfagnesco: nasco frivola e divento impegnata.

Telecomandata da Gianni Boncompagni in *Non è la Rai*, ha poi cominciato a frequentare i salotti buoni. Da Daniele

Luttazzi mimò un orgasmo, tendendo i piedi nudi sopra la scrivania. Da Maurizio Crozza si è esibita in letture *de sinistra*. Grazie a Ferzan Ozpetek, in *Saturno contro*, ha dimostrato di avere un talento recitativo insospettabile.

Non si sa come, non si sa perché, un bel giorno Ambra è divenuta icona antiberlusconiana. Gli anni Novanta avevano visto Alba Parietti coscialunga della sinistra, i Duemila hanno visto Ambra Angiolini pasionaria anti-Caimano.

Gimme five, Non è la Rai, Non è tempo per noi. E più che altro siam sempre lì.

Crucianesimo

Mi concedo una licenza anagrafica, perché Giuseppe Cruciani è nato nel 1966 e non nei Settanta. Lo prendo però come esempio di una tendenza giornalistica che, nata con Travaglio, ha poi visto Cruciani come sdoganatore definitivo.

Prima di Travaglio e poi di Cruciani, il giornalismo era «solo» giornalismo. Dopo diventa anche qualcos'altro. Travaglio rivoluziona la percezione del giornalista, assurgendo a icona e star.

Se però Marco quasi soffre questa poliedricità necessaria del giornalista 2.0, «costretto» a muoversi tra tivù e web e pure teatro quando vorrebbe vivere unicamente di carta stampata come il suo maestro Indro Montanelli, Cruciani – che sta in una terra di mezzo tra Travaglio, nato nel 1964, e i *Settantini* – sdogana definitivamente il narcisismo.

Il Crucianesimo impone al giornalista di essere irriverente, personalista, aduso al gossip, provocatore e piacione, multitasking e scorbutico. Il giornalismo diventa anche brand, che non può prescindere dal talento ma che molla gli ormeggi e abiura il concetto di sobrietà.

Ho detto crucianesimo, ma potrei dire Faccismo (da Filippo Facci, 1967), Adinolfismo (da Mario Adinolfi, 1971), Telesismo (da Luca Telese, 1970), Parenzismo (da David Parenzo, 1976), Paragonismo (da Gianluigi Paragone, 1971), Pardismo (da Pierluigi Pardo, 1974) e poi Lucarellismo (da Selvaggia Lucarelli, 1974). E – lo so – pure Scanzismo, perché le stesse critiche rivolte a Cruciani me le merito anche io.

Se il politico quarantenne, tranne Renzi (che infatti è molto più furbo degli altri), rifugge l'edonismo che lo ha cresciuto negli Ottanta, il giornalista ci si crogiola dentro.

L'etica della Best Company e il culto delle cinture El Charro esplodono, e chi critica tale involuzione piaciona o è un nostalgico sincero o è un quarantenne che vorrebbe salire sul carro ma nessuno se lo fila.

È un giornalismo egotico e un po' paninaro, divistico e vezzoso. Se Enzo Biagi fosse ancora qua, ci farebbe un mazzo così. Giustamente.

Coronismo

Da Fabrizio Corona, 1974. Non poteva essere nato che nei Settanta. Unisce l'edonismo estremizzato e le velleità confusamente anarcoidi, tipiche del suo decennio, che in lui esplodono in un parossismo di impalpabilità ed *egotrip*. Disimpegnato compiaciuto, ha declinato la refrattarietà all'ideologia in una versione incazzosa, a ben guardare più nichilista che piaciona. Corona è il paninaro di successo, cresciuto all'anagrafe ma non nei riferimenti, che si è limitato a sostituire la Best Company con la Bentley. Innamorato del lusso, ha eletto l'effimero a credo esistenziale. Bello e possibilissimo, è sfuggito all'*exemplum* del padre Vittorio (grande giornalista) costruendosi una corazza di frivolezza e strafottenza. Era convinto che avrebbe retto, che lo avrebbe protetto. Non è bastata.

Corona è un Ciavarro che voleva essere James Dean, e a

lungo andare questo gap tra sogno e realtà lo ha portato al deragliamento. Figlio in tutto e per tutto dei Settanta, ha incarnato finché ha potuto il cattivo del presepe. Quello guardato male da tutti, ma in fondo stimato. E più ancora invidiato. Perché c'aveva i soldi, perché c'aveva le donne: perché si era fatto da sé, e pazienza se forse non si era fatto così bene. Corona era il dannato mediatico, il tamarro deluxe, il bullo palestrato che a scuola truccava il motorino e ascoltava *Welcome to the jungle* per aggiungere machismo un tanto al chilo. In *Compagni di scuola* sarebbe stato un po' Ghini e un po' De Sica, sfottendo Fabris con Finocchiaro e mettendo la mano sul culo alla padrona di casa. Forse ricevendo uno schiaffo e forse no. Tutt'altro che stupido, ha dirottato la sua intelligenza nel campo del vago, del vuoto spinto, del nulla. Per sentirsi superiore e giocare a *Scarface*. Attendendo l'ultima scena come un Al Pacino ipotetico.

Prima amato e poi odiato, ha accettato il carcere senza rinunciare alla propria teatralità. La fuga, la latitanza, l'arresto. Per nulla redento, affronta le sbarre nella speranza che una volta uscito lo trovino più somigliante a Sean Penn in *Mystic river* che a Tim Robbins nelle *Ali della libertà*. Carismatico e folle, è il personaggio stereotipato di una pellicola mai nata, il duro postmoderno con un coraggio stravagante e forse malsano. Però presente e percettibile: addirittura evidente. Non somiglia alla sua generazione per la sviluppatissima voglia di emergere, ma gli somiglia eccome per quella idea di ribellione indistinta. Senza requie e senza meta. Un incazzarsi a caso, per non morire o anche solo per ricordare a se stessi di esistere.

Volismo

Da Fabio Volo, nato nel 1972. Un altro figlio fortunato dei Settanta. Carino ma non troppo, colto ma non troppo, tuttologo ma forse troppo (giuro che non sto recensendo me stesso).

Preso spesso a emblema del cazzaro senza talento, ha in realtà il pregio non trascurabile di essere perfettamente colpevole di cavalcare un successo eccessivo. È il primo a non sapere perché i suoi libri vendano così tanto, e quasi se ne dispiace. Se ne scusa. Nei film recita al suo meglio, che è un simpatico sei meno politico, come un Accorsi meno ambizioso. È un mix tra Ligabue e Fiorello, meno trombone del primo e animatore turistico quasi come il secondo.

È il quasi intellettuale perfetto per una generazione che agli slogan di Che Guevara ha preferito i diari della Smemoranda e le Parole di cotone. Da «Siamo realisti esigiamo l'impossibile» a «I rigori li sbaglia solo chi li tira» di Roberto Baggio. Frasi disinnescate, minimamente evocative, da far stampare su t-shirt portate come sindoni pseudoideologiche.

Non avendo granché idee, le appaltavamo spesso agli altri. Poi, come foglie di fico, le indossavamo addirittura, come a scusarci se fino all'altro giorno avevamo sfoggiato El Charro e Moncler.

A quel punto si trattava di scegliere. Potevamo indossare Piero Calamandrei: «Se voi volete andare in pellegrinaggio nel luogo dove è nata la nostra costituzione, andate nelle montagne dove caddero i partigiani, nelle carceri dove furono imprigionati, nei campi dove furono impiccati. Dovunque è morto un italiano per riscattare la libertà e la dignità, andate lì, o giovani, col pensiero perché lì è nata la nostra costituzione».

Potevamo indossare Pier Paolo Pasolini: «Sono un contestatore globale. La mia disperata fiducia in tutte le società storiche mi porta a una forma di anarchia apocalittica». O ancora: «La mia indipendenza, che è la mia forza, implica la solitudine, che è la mia debolezza».

Ci siamo fermati molto prima. A Baggio, per giustificare gli errori. Oppure, nel solito parossismo episodico di militanza fugace, a una palombella rossa del compagno quasi-dissidente Nanni. «Le parole sono importanti.» Parole che non conoscevamo e meno ancora condividevamo.

Fabio Volo non gioca all'intellettuale. È il cazzaro che sa di esserlo e se ne compiace appena un po'. È un Caparezza meno impegnato, un Jovanotti più simpatico. È un intercettatore involontario di pubblico. È un rabdomante istintivo di best seller. E sarà sempre quello che ebbe il coraggio di intervistare nudo Alessia Marcuzzi. Una scena indelebile per tutti o quasi, che non sarà paragonabile allo sbarco sulla Luna ma che in mancanza di meglio qualcosa ha rappresentato. Per esempio la constatazione che, per le cazzate, il coraggio ce lo abbiamo anche noi nati nei Settanta. Per le cose serie, un po' meno.

Geppismo

Da Geppi Cucciari, nata nel 1973.

Esaurita la spinta propulsiva e quasi eversiva dei Benigni, Grillo, Luttazzi e Corrado Guzzanti, la satira torna comicità. Spesso rassicurante. Anche quando non lo sembra, dietro al turpiloquio facile c'è sempre il volemose bene: vedi alla voce Luciana Littizzetto (1964).

Il comico, poi, diventa più o meno disinnescato. Spesso bravo, come Enrico Brignano (1966), ma mai troppo mordace. Altro esempio è Max Giusti (1968).

Geppi Cucciari, ma anche Teresa Mannino (1970), incarnano la comicità settantina: si colpisce, ma non troppo. Geppi è bravissima a restare a metà tra satira e comicità frivola. Fattasi notare a *Zelig* come la Mannino, a *Very Victoria* (Victoria Cabello, 1975) e *G'Day* inseguiva un pareggio di qualità. Trovandolo. I testi ispirati e cattivisti, spesso di Luca Bottura, erano ingentiliti dalla battuta pronta; dall'autoironia; dal sottotesto indulgente.

Il Geppismo è una risata contagiosa, intelligente e pressoché trasversale. Il geppismo è la risata dei Settanta.

Freddismo

Da Freddo, personaggio di film e serie tivù *Romanzo Criminale*, ispirato al gangster Maurizio Abbatino, detto Crispino, membro della Banda della Magliana. Al cinema è stato interpretato da Kim Rossi Stuart (1969), in tivù da Vinicio Marchioni (1975).

Rossi Stuart, con il coetaneo Pierfrancesco Favino, Valerio Mastrandrea, Claudio Santamaria e Claudio Gioè, rappresenta l'apripista della generazione di attori dei Settanta.

Il Freddismo condiziona molto i quarantenni, perché è la versione ultima dell'idea macha dei Wayne e dei Clint, dei Fonzie e dei Luke. A suo modo lo incarna anche Riccardo Scamarcio (1979), mentre il successo di Elio Germano (che comunque è nato nel 1980) è già diverso e attiene casomai a un talento poliedrico non comune.

Vinicio Marchioni è splendido nel dargli vita. Solo che, poi, quando lo incontri, sembra quasi di avere davanti il commissario Scialoja. Garbato, gentile, timido. Peccaminoso giusto quando, nelle interviste, dice di aver rubato caramelle, provato la cocaina e compulsato YouPorn – segnatamente la categoria *milf.*

Nuovamente c'è il pareggio: il cattivo che si scopre buono, l'ossimoro del ribelle sì, però non troppo.

Il presepe siamo noi.

Capatondismo

Da Maccio Capatonda, nato nel 1978, vero nome Marcello Macchia. Capatonda è uno dei più grandi talenti degli anni Settanta. Ed è proprio la sua arte a raccontarci la sua generazione. Molto più di tanti trattati.

Cosa fa, nei suoi trailer e nei suoi sketch, Maccio Capatonda? Mastica e sputa, come la Nina di De André e Fossati. Mastica e sputa, ma più che altro la seconda. E sputa tutto quello che ha visto negli Ottanta e Novanta, l'alto e il basso, *Non è la Rai* e Nino Frassica, Carlo Verdone e la tivù spazzatura, fino a crearne una sintesi originalissima.

La mia generazione ha tanti difetti, ma se ha dato i natali anche a Maccio allora non è certo da buttare.

Capatonda prende i difetti del suo tempo e li shakera, fino a tramutarli in aspetti curiosi, gioiosamente caricaturali o – ancora un ossimoro – intelligentemente demenziali.

Talento allo stato brado lanciato dalla Gialappa's, che per la mia generazione torna sempre, e conseguentemente irradiatosi con YouTube, Maccio Capatonda piega il linguaggio. Crea tormentoni. Concretizza il mito della Comune sentimentale e della Maconda affettiva attraverso la costituzione di un gruppo di lavoro che coincide con amici dai nomi improbabili: Herbert Ballerina, Rupert Sciamenna, Pina Sinalefe.

Lavora facendo il cazzaro, concretizzando più o meno il sogno di tutti. È oltremodo metodico, ma negli sketch sembra improvvisare. Fa satira, però quasi involontaria, che neanche lui quando lo intervisti sa spiegare.

In più, già che c'è, vanta flirt con le Elisabetta Canalis. Non c'è niente da fare: Maccio è il nostro Monolite. Il nostro Mastro Cazzaro di riferimento.

A una prima fase di carriera tanto rutilante quanto genialmente spensierata, ha fatto seguito un tipo di opere in cui la demenzialità si mescola con una sorta di satira sociale, che è poi anzitutto di costume e di linguaggio.

L'uomo Maccio che usciva la gente, sesto scemo di una generazione *capatondica* non meno scema e sempre affetta da febbra, in neanche due minuti ha fotografato l'italiano medio. Quello che, senza neanche accorgersene, ingoia una pillola per usare il cervello soltanto al due per cento. E a quel punto è interessato unicamente al moviolone, al Grande Fratello, al sesso. Menefreghista (*E amme che cazzo me ne frega amme*). Erotomane (*Gliel'ho buttato*). Non si arrabbia e non si indigna neanche quando la benzina sale, tanto lui ci ha il diesel. Maccio, un diversamente adulto. Come quasi tutta la sua generazione. Ma lo è per scelta. Come non tutta la sua generazione.

Sorrentinismo

Da Paolo Sorrentino, nato nel 1970. L'icona inattuale di una generazione altrettanto inattuale. Il figlio anomalo dei Settanta a cui dedicherò più spazio che al resto, proprio in quanto exemplum di ciò che potremmo essere e quasi mai siamo.

Ha detto in un'intervista ad Antonio D'Orrico: «Sono figlio di genitori molto grandi, mi hanno avuto tardi. Per questo sono inattuale, a me piace la generazione di mio padre». Inattuale è una parola equivoca, che sta bene a Paolo Sorrentino e a quella generazione – la sua – che però non è fino in fondo la sua. Se non cronologicamente.

È cresciuto con maestri diversi e quella sensazione che capisco molto bene: l'inattualità. Lo sfasamento. L'essere nato in ritardo rispetto a quanto si avrebbe voluto, come attesta anche solo l'avere amici – o l'avvertire maggior feeling – quando si parla con i più grandi. A me capita di continuo. Coi nonni avrei parlato per sempre, con i compagni di classe mi rompevo le palle dopo cinque minuti.

Il padre era direttore di banca. «Aveva un amico che veniva a trovarlo il lunedì sera, con la scusa di guardare la tivù. Invece litigavano furiosamente per la politica. Papà era comunista, l'amico fascista. Io mi commuovevo a sentirli.»

Paolo Sorrentino è l'uomo in più della mia generazione. Proprio perché se n'è sempre stato a distanza. Infatti lo criticano (poco) perché racconta storie di gente più grande di lui; per non essere generazionale come i Muccino: «Eh sì, finora ho fatto bene solo mammà. Se devo mettere in scena donne della generazione di mammà vado bene. Con le mie coetanee, lo riconosco, qualcosa non funziona. Però sto cercando di migliorare».

In realtà mette poco in scena anche i coetanei. Non solo le coetanee. Di solito i protagonisti dei suoi film hanno l'età di Toni Servillo. Anzi, sono Toni Servillo.

Se Sorrentino ha poco in comune con la sua generazione, le è però simile nel desiderio di ridere. Ridere bene, possibilmente con chi è un po' più grande di lui. Come i Troisi e i Benigni, che negli Ottanta erano più grandi di noi.

Il regista fornisce poi la spiegazione di un'altra sua anomalia. Laddove i suoi coetanei sono accusati di «lassismo sentimentale», di tenerezza eccessiva e spesso ingiustificata, lui tiene a sottolineare un approccio opposto: «In genere, gli attori non li amo. Si dice, retoricamente, che i registi vogliono bene agli attori perché la fragilità di queste creature li intenerisce. Non è il mio caso. Io divento cinico con gli attori, a volte cattivo. Molti di loro si comportano come se fossero ancora bambini che, alla festa di compleanno, recitano la poesia davanti ai genitori e agli zii».

È vero che Paolo Sorrentino racconta di rado i coetanei. Infatti come suo Antoine Doinel prende Toni Servillo, un uomo nato nel 1959. E anche Sean Penn, il protagonista di *This must be the place*, è del 1960. Per non parlare di Giacomo Rizzo, *L'amico di famiglia* respingente e irricevibile, nato nel 1939.

Una delle figure più giovani a cui si affida, il dolente Andrea Renzi de *L'uomo in più*, è pur sempre del 1963. La generazione precedente.

Se quasi tutti i colleghi si affidano ad attrici e attori

coetanei, nel tentativo di raccontare anzitutto il presente attraverso la formula lisa della nostalgia (e dunque della facile identificazione), Sorrentino prende le distanze dai suoi anni attuando una poetica opposta: alter ego più grandi e suggestioni passate (il Fellini immaginifico alla base de *La grande bellezza*) per reinterpretare il presente.

Se Muccino parte da A per arrivare ad A, o al massimo A1 (uscita Roncobilaccio con coda in Appennino), Sorrentino parte da Z per arrivare ad A. E nel mezzo sterza. Sbanda, senza però mai perdere il controllo del volante. E inventa.

Per certi versi Sorrentino ricorda Quentin Tarantino. Anche lui rielabora i modelli della sua infanzia. Entrambi virtuosi, un po' narcisi alla macchina da presa, più rutilanti che minimali, citazionisti e cavalli pazzi. Ognuno con le sue fisse. Il feticismo del piede per Quentin, le basette *tamarriche* per Paolo. Sorrentino è però più «impegnato» – parola che giustamente l'autore detesta – rispetto a Tarantino.

Nel cineasta americano c'è sempre una vena spettacolare spinta, tutto è portato all'eccesso e anche la satira della società americana, durissima in *Django unchained*, cede deliberatamente il passo al desiderio di intrattenere.

In Sorrentino, no. In Sorrentino, anzitutto, si soffre. C'è sempre una cappa sopra l'umanità. Il mondo che racconta non ha lieto fine, non ha quasi mai spiragli. E il riscatto coincide al massimo con uno stanco epigono del cantante dei Cure che, ormai bolso, vendica il padre morto per un'umiliazione subita decenni prima da un nazista. E lo trova, il nazista. Ormai vecchio, abbandonato, praticamente innocuo. E a quel punto vendica il padre. Senza neanche sapere perché lo fa.

Sorrentino, invece, lo sa. «È una storia autobiografica. È un film sul rapporto con molte lacune tra un padre e un figlio. Come è stato fatalmente, per forza di cose, il rapporto tra me e mio padre.»

Sorrentino avrebbe dovuto fare il direttore di banca. Come il padre. Il sogno, neanche troppo convinto, era fare forse la rockstar. Suonava la batteria. Le basette vengono anche da lì. Un accadimento cambia tutto. Se la nostra generazione ha avuto lutti sporadici e spesso ludici, dunque poco «stimolanti» per la formazione di un sentimento politico trasversalmente condiviso, Paolo il lutto se lo vede esplodere in casa.

È costretto a crescere di colpo, elaborando la perdita degli unici maestri che aveva. Se a noi i Falcone e i Borsellino sono morti lontano, a Sorrentino no. Se ne sono andati a un passo da lui, perché erano il padre e la madre. «I miei genitori sono morti. Un incidente. Erano in una casa in montagna. Una fuga di gas dal riscaldamento difettoso.» Aveva diciassette anni. I parenti gli consigliano di fare Economia e commercio, «visto che non hai più le spalle coperte». Arriva a venticinque anni con pochi esami e «abbondantemente fuoricorso».

Sorrentino non avrebbe fatto il regista senza quel lutto. «La perdita dei genitori a diciassette anni mi ha cambiato la vita in tutti i sensi. Se non fosse successo quello che è successo, non avrei mai fatto il regista. Da figlio di bancario avrei seguito, più o meno, le orme paterne. L'essere rimasto orfano mi ha dato l'incoscienza per provarci.»

Anche in questo, pur non volendo, Sorrentino dice molto sulla sua generazione, di cui giustamente non avverte troppo la vicinanza. Oltretutto, e ovviamente, il lutto privato non ti rende certo automaticamente anomalo rispetto ai tuoi coetanei: basta pensare alla parabola non meno drammatica di Mario Calabresi, nato come Sorrentino nel 1970, che è invece figlio in tutto e per tutto del Renzismo e Jovanottismo.

Gli artisti si valutano anche dalle opere minori. Quelle che vedi, o leggi, o ascolti, e poi ti dici che in fondo non erano un granché. «Ha fatto di meglio.» Però ti piace. *Devils & dust* di Springsteen, *The departed* di Scorsese, *Slow turning* di John Hiatt. C'è di meglio, ma ti piacciono.

Vale anche per Paolo Sorrentino. Dopo aver scritto *Tutti hanno ragione*, ha pubblicato – con palese pigrizia – una sorta di spin off, *Tony Pagoda e i suoi amici*. Il «problema» è che anche *Tony Pagoda e i suoi amici* è saturo di talento. E questo lo sta ovviamente rendendo antipatico a molti, perché in Italia la maggioranza è appannaggio di chi tira alle gambe di chi emerge perché bravo; e l'opposizione è appannaggio di chi suole crogiolarsi nella nicchia e nell'«era meglio prima», quando cioè quell'artista lo conosceva solo lui e qualche altro eletto, ai tempi de *L'uomo in più* e, al limite, *Le conseguenze dell'amore*, perché poi si è «commercializzato» e ha perso di vista le cose che contano davvero. E a questo punto, mai che sia mai, si capisce quali siano queste cose che contano davvero.

Le opere di Sorrentino sono tutte controvento rispetto alla sua generazione, che esonda di contenuto facile e didascalico, dando sempre troppa poca importanza alla forma.

Per lui è il contrario. Non c'è una singola inquadratura che non sia curata, centellinata, studiatissima. Nulla è patinato e quasi nulla è meramente masturbatorio. La forma è contenuto e il contenuto, oltre che forma, è anzitutto contenuto.

Questo libro non trasuda romanticismo. Un difetto di fabbrica. Ma Sorrentino ti frega anche qui, perché l'amore di Titta Di Girolamo per Sofia è l'amore che tutti sognano di provare, fino a bruciare per esso. Per gli occhi di Olivia Magnani, che interpreta Sofia ne *Le conseguenze dell'amore* e poi non s'è praticamente più vista, o per la freddezza tremendamente sensuale di Cristina Moglia, la ragazza per cui Freccia muore, un'altra che dopo *Radiofreccia* è scomparsa o giù di lì.

Chissà perché, quando la mia generazione si è innamorata di un'icona femminile, fosse una Kelly LeBrock o una nipote di Anna Magnani, le ha subito perse di vista.

Sorrentino è anche il regista del capovolgimento. La vita di Giulio Andreotti non ha avuto nulla, apparentemente, di spettacolare e spericolato. Quella de *Il divo* sì. Un biopic postcontemporaneo, come se Gian Maria Volonté fosse nel frattempo diventato punk e Francesco Rosi grunge. Un *Viaggio al termine della notte*, non a caso uno dei libri più amati da Sorrentino, che è poi termine della nostra notte e del nostro Paese.

«Quando è venuto a Roma sono andato apposta a vederlo. Rossetto sulle labbra, capelli punk, look da quindicenne e ne ha 50. Non ha telefonino, non guida la macchina, ha fermato il tempo al 1988.» Sono le parole usate da Sorrentino per descrivere Rob Smith, leader dei Cure. L'uomo che ha ispirato la figura di Cheyenne in *This must be the place*. Anche Sorrentino ha fermato il tempo a quegli anni. Gli anni del lutto. Il resto, il futuro, lo ha immaginato. Stando bene attento a non farsi appesantire dalle narrazioni stancamente pedanti dei coetanei.

Ne *L'uomo in più*, significativamente, a un certo punto Servillo dice: «Nella vita non si pareggia mai». È l'ulteriore atto d'accusa del regista ai suoi coetanei. Se qualcuno pareggia sempre, e magari ci si crogiola anche, qualcosa non va. E io, dice Sorrentino, non sono come voi.

Paolo Sorrentino è il Céline del nostro cinema. Solo che un anarchico non fa una generazione. E neanche un alieno.

Sorrentino è ciò che i miei coetanei, al massimo del potenziale e al netto del talento innato, potevano fare.

Antonio Pisapia, il coprotagonista calciatore de *L'uomo in più* ispirato ad Agostino Di Bartolomei, finisce in panchina perché in allenamento gli spaccano le ginocchia.

Poi lo isolano.

Poi si ammazza.

Tony Pisapia, il protagonista dello stesso film, finisce in panchina perché è un nichilista amorale.

Prima lo applaudono.

Poi lo arrestano.

Più volte, e alla fine una di troppo.

Noi, quasi tutti o comunque troppi, siamo stati Antonio o Tony Pisapia. Siamo stati quasi sempre in panchina e quasi mai con l'alibi dell'infortunio. Che forse, anzi, ci avrebbe salvato o comunque svegliato.

Paolo Sorrentino è stato Paolo Sorrentino. Per questo è il nostro uomo in più. O almeno lo era. Poi si è guardato intorno, ha visto che i compagni non lo supportavano, e allora è andato in un'altra squadra. Un'altra generazione. Quella dei nostri genitori.

Il declino del vile maschio

Analizzare la sfera pubblica della mia generazione, per quanto è soggettivo, è più facile che andare a cercarne la mappatura privata.

Che compagni siamo, che genitori (e che figli) siamo? Forse occorrerebbe Paolo Crepet per saperlo. O forse ancora Raffaele Morelli. O forse anche no.

Parlo un po' per sentito dire e un po' da cattivo maestro. Sono separato. Non ho figli e ho lasciato (e sono stato lasciato) più di un serial killer sentimentale.

Forse però il mio approccio non è tanto atipico per i quarantenni di oggi. Spesso fratelli figli unici, per seguire il paradosso di Rino Gaetano. Figli unici prima e senza figli poi. O comunque molti meno di quanti ne facevano i nostri nonni e padri. Dal figlio unico al figlio nullo, o giù di lì.

Clint e tutto il resto

Nanni Moretti rinfacciava ai leader della sinistra di essere cresciuti con *Happy days*. Sì, ma quelli dopo e cioè noi? Con cosa siamo cresciuti?

Parlo di riferimenti da spendere per il rapporto di coppia. E qui, per forza di cose, bisogna tornare allo stereotipo Clint. Il bello e dannato. L'uomo duro che piace e si piace.

In principio fu James Dean, pure troppo bello e pure troppo dannato. Per i conservatori c'era John Wayne, che era però troppo reazionario per tutti quelli di sinistra, e anche a destra non si poteva emulare: ne avrebbe sofferto il rapporto con le femministe e con le femministaiole militanti.

Ecco allora che arriva Clint Eastwood. Che è di destra, però piace anche alla sinistra. O perlomeno gli piaceva, prima di sbroccare pro McCain nell'ultima campagna elettorale che ha portato al secondo mandato di Obama.

Clint è molte cose. È lo straniero senza nome, è l'uomo col poncho, il pistolero «al cuore Ramon». È quello che ha due espressioni, con il cappello e senza il cappello, che però bastano e avanzano. È il giustiziere pallido, a cavallo e senza paura, inflessibile e musone: ma giusto. Portatore sano di un'etica brusca ma intonsa.

Sì, ma le donne? Sullo sfondo, non dico squaw, ma siamo lì. E giù, a cascata e a sfinimento, dibattiti sul maschilismo di Clint. Dibattito che aumenta, drammaticamente, quando arriva l'altra maschera cinematografica di Clint. L'ispettore Callaghan. Lui e la sua 44 Magnum, estensione fallica di un machismo spesso triviale.

Negli anni Ottanta, riuscendo pure a farsi perdonare quel giochetto sboccato e un po' guerrafondaio che è *Gunny*, Eastwood svolta a sinistra. Cioè, lui sta sempre lì, ma la sinistra – con lentezza consueta – scopre che i suoi film non solo sono stilisticamente impeccabili. Ma sono pure più rivoluzionari di quelli dei cineasti sinistrati. *Gli spietati, Mystic river, Gran Torino*. Che roba.

Sì, insisto, ma la donna? Resta lì, sullo sfondo, un po' ancella e un po' Lady Macbeth. Sempre un passo indietro all'uomo, anche quando non sembra.

Però c'è almeno una novità nell'universo machista di Clint. Ed è la novità che tutti attendono. Le donne, ma pure gli uomini. Accade quando il vecchio Clint aspetta sotto la pioggia Meryl Streep nella scena finale de *I ponti di Madison County*.

Meryl è sposata con un baccalà innocuo, la categoria più antierotica per le donne (che per questo le donne spesso sposano: disinnesco per disinnesco, tanto vale sparare a salve fin dall'inizio e maritarsi un pelouche).

Sono nel furgone. Clint è sotto la pioggia. Lei lo vede, il baccalà ovviamente no. C'è il semaforo rosso. Si fermano. Basterebbe aprire la portiera. Clint è lì, sotto la pioggia. Vecchissimo. Bellissimo. Con più cuore che rughe, ed è l'unica volta nella sua vita.

Dài, Meryl, aprila quella portiera. Dài. Ma lei non la apre. Vendicando, in un colpo solo, l'intero genere femminile.

Emancipati tu che a me non vien da ridere

L'exemplum del Clint romantico e al contempo sconfitto è una delle cifre del vile maschio oggi quarantenne, deriso e confuso, incapace – come sempre, ma pure di più – di comprendere l'universo femminile.

Quando è sposato se ne frega dell'orgasmo di lei, quando sfarfalla se ne interessa troppo. Trascurando nel primo caso l'ormone e nel secondo il quotidiano.

Due miserie in un colpo solo: ecco ciò che spesso siamo.

Ma non finisce mica qui la deriva del machista, al tempo dei nati sotto i Settanta.

Ci sono almeno altri due fattori. Il primo è la risolutezza maggiore della donna, che in confronto alle nostre madri è spesso e giustamente più esigente. Più impegnata. Più indipendente. Ma sì, usiamola quella parola: più emancipata. E il maschio, bamboccione non di rado, ne resta confuso. Non potendo vantare la poetica di Paolo Conte, ripete «Come mi vuoi?» senza però né parlare né ascoltare.

Oltretutto la donna quasi quarantenne è in sé ipermutevole. Cresce col mito del Freddo di *Romanzo criminale*, del killer che «sì fammi soffrire e te ne sarò grato», ma al tempo stesso è pur sempre quella di *Dirty dancing* e *Pretty woman*.

Coltiva stretto nel cuore quell'approccio ansiogeno che fece scrivere a De André quella parte di *Amico fragile* in cui dice: «Con un bisogno d'attenzione e d'amore / troppo "se mi vuoi bene piangi" per essere corrisposti».

Vuole tutto e il suo contrario, la donna. E ti vuole Swayze. E ti vuole Gere. E ti vuole Leonardo Di Caprio in *Titanic*, possibilmente disposto al martirio per lei, al sacrificio non solo metaforico: qualsiasi cosa, pur di dimostrarle che l'altare su cui forse l'hai posata quando le hai detto la prima volta «Ti amo» non si è fatto nel frattempo d'argilla.

E allora è un casino

La donna dei Settanta ama Vinicio Capossela, ma finge di non sentire le strofe più ciniche preferendo struggersi con *Scivola vai via*, danzare con *Che coss'è l'amor* e piangere con *Ovunque proteggi*. E allora ti dice, sottintendendo, ma te lo dice: «Se sei Capossela ti perdono anche i vizi, l'alcol e le esagerazioni. Ma solo se mi dedichi le tue romanze».

E tu sei lì, un po' Callaghan e un po' Maxibon, che non sai se ispirarti a Clint sotto la pioggia, a Patrick che balla con quella bruttina lì, a Richard che scala le montagne o anche solo un condominio per lei, a Vinicio che quando vuole scrive e canta come nessuno.

Solo che non hai il coraggio di Eastwood, la leggerezza di Swayze, l'eleganza di Gere e la penna di Capossela. E allora è un casino. Casino acuito dal secondo problema. Che è proprio la depravazione caricaturale del macho al tempo dei quarantenni di oggi.

È vero, Fonzie era abbastanza ridicolo. Riguardatelo adesso, soprattutto quando dice «Ehiiii». Un tamarro totale, che se entrasse oggi in un bar verrebbe preso per il culo per un mese intero. Però Fonzie, nella sua esagerazione, aveva una sua dignità. Era in qualche modo volontariamente caricaturale. Sapeva, in cuor suo, di essere un cazzone. Noi invece intercettiamo come mito-macho Dylan, che purtroppo non è Dog ma quello di *Beverly Hills*. Un James Dean in diesis minore che sta a Fonzie come i 4 salti in padella alle melanzane alla parmigiana. Ci sarebbe piaciuto essere duri. Ma abbiamo proprio sbagliato i libri di testo, quando li abbiamo scelti alla scuola dei truzzi.

Niente responsabilità: non ci siamo abituati

E poi c'è Mister Big. Ovvero l'uomo di cui si innamora Carrie in *Sex and the city*. L'uomo che non vuole responsabilità o zavorre, anche dopo i quarant'anni, e magari un giorno scriverà una lettera alla posta del cuore di Massimo Gramellini, oppure appelli su quotidiani e mensili per trovare fidanzate affidabili.

Ecco l'altra contrapposizione eterna: vivo allo stato brado finché ce n'è, e poi magari mi fidanzo con una ventenne quando ne ho sessanta, o accetto qualcosa che pensavo fosse amore e invece era una zavorra?

Un dilemma che spesso non abbiamo sciolto.

Non vogliamo quasi mai responsabilità, perché quasi mai ce le siamo prese. E se lo facciamo, per esempio nella sfera pubblica, giochiamo ai peter pan *de noantri* nell'alcova.

Se ci sposiamo, rimpiangiamo lo stato brado, che spesso riprendiamo di nascosto prima che qualcuna ci scopra (e ci scopre. Lei. Sempre). Se non ci sposiamo, e magari i figli ci fanno paura, invidiamo le coppie «normali» degli amici. Comunque vada, sarà schizofrenia.

Contraddittori dentro, ma pure fuori. In qualche modo inchiodati al culto del preliminare. I nostri nonni non ci badavano. I nostri genitori ci hanno dovuto badare, altrimenti l'emancipazione li fulminava con un dardo targato Erica Jong. Noi ci masturbiamo così tanto con i preliminari, cerebrali e non solo, che giustamente alla fine arriva qualcuna e ci dice: «Sì, okay, però quand'è che scopiamo?».

La Gramigna Umana

Penso a Jack Bauer, protagonista della serie *24*. Chi è Bauer? Un eroe sfigato. Se lo dice da solo in non so quale puntata. Quel che lui tocca, muore. Vorrebbe essere leggenda, e lo è, ma privatamente è più che altro gramigna.

Di per sé conduce una vita schizofrenica. Più o meno una volta l'anno, deve salvare il mondo e alla svelta: in ventiquattro ore, per l'esattezza.

Già questo, in sé, risulta faticoso. In più c'è sua figlia Kim, che è tonta, tonta come nessuno. In più ci sono gli amici, che muoiono tutti, uccisi spesso proprio da Jack (per cause di forza maggiore, s'intende).

E poi ci sono le donne, quelle da lui amate. E Jack saprebbe anche amarle, fedele e tutto d'un pezzo com'è, praticamente perfetto. Solo che le sue mogli muoiono e le compagne pure, o quando va bene impazziscono, perché lui è troppo impegnato a salvare il mondo e tra un terrorista e una bomba – sai com'è – gli muore sempre qualcuno che è accanto.

Un'ecatombe fisica e sentimentale: ecco cos'è la vita di Bauer.

Il maschio quarantenne di oggi, per sua sfortuna, è affetto anche da *bauerismo* frustrato. Insegue il mito di sé, narciso e neanche troppo fatale, però nel frattempo ha distrutto ogni cosa. Vorrebbe incontrare una Kelly LeBrock che gli dica «Serviti il pasto cowboy», come ne *La signora in rosso, The woman in red*, ma se la incontrasse si dimenticherebbe di togliersi i calzini mentre si spoglia, proprio come Gene Wilder.

Attila del proprio cammino e Clint senza 44 Magnum, è un Bauer che in ventiquattro ore non solo non salva il mondo. Ma neanche il geranio della nonna.

Cuore di fumetto

Questa cosa della contrapposizione tra uomo-peluche e quasi-macho ce l'hanno instillata anche i fumetti. Altra forma letteraria che, per quelli nati nei Settanta, ha significato molto. Ho visto gente picchiarsi per l'albo originale numero 1 di «Dylan Dog». E ha fatto bene a picchiarsi, perché è un fumetto prezioso.

Dylan è la nemesi di Tex, che uccide tutti e non scopa mai. Willer è una sorta di Clint Eastwood, così preso dal proprio lavoro di Ranger puliscimondo da non accorgersi che la sua vita ha le stesse soddisfazioni sessuali di quella di un geco.

Dylan Dog, al contrario, fa sesso. Sempre. Però – attenzione – lui lo fa sempre per amore. Si innamora ogni volta. Ha il cuore che si affeziona a ogni fiamma che trova. E ci si danna l'anima per tutte le quasi cento pagine, ogni volta, riuscendo pure a stupirsi se poi lei lo lascia, o piuttosto cerca di ucciderlo, o più spesso muore. E a quel punto Dylan piange, vergognandosene ma un po' vantandosene.

C'era Dylan Dog, per quelli della mia generazione, ma anche Martyn Mistère. Ogni tanto si incontravano, ma per fortuna poche volte, perché insieme generavano puntualmente smottamenti terrestri e disastri mondiali.

Martin, logorroico come pochi altri, era un caso intermedio: lui piaceva tanto alle donne, e ci gigioneggiava, ci flirtava. Però alla fine tornava sempre a casa dalla sua compagna storica Diane. Una specie di Eva Kant: meno incazzosa, però.

Il patto tra Martin e i lettori era che lui, con le altre, si limitasse al flirt epidermico. A quel gioco, poi esploso con i social network, del «Basta che mi dici che ti piaccio e per me è come aver scopato». Martin ci guardava, tra una vignetta e l'altra, e ci ammiccava: «Ehi, ragazzi, io son buono e fedele, come farei a tradire quell'anima candida di Diane?».

Non ci ho mai creduto, Martin.

Ho invece creduto ai capelli bianchi di Nathan Never. E ai dolori di Lazarus Ledd. Due che, palesemente affetti da *bauerismo*, si innamoravano una volta ogni secolo e quella volta sbagliavano.

E ti chiedevi, di nuovo: chi devo scegliere? Dylan, Martin, Nathan o Lazarus? Ci pensavi e poi sceglievi tutti, in un patchwork che cercasse di tenerli insieme, come una tovaglia piena di rattoppi dai colori opposti tra loro.

Il patchwork siamo noi, la tovaglia siamo noi.

La Rete che fece esplodere le coppie

Venne poi il giorno della Rete e dei social network. E le coppie esplosero. Roba che, in confronto, Zygmunt Bauman in *Amore liquido* era stato ottimista. Se eri una coppia nei Settanta, oltre un porno d'accatto non andavi. Una masturbazione qua, una pippa là: cosa vuoi che sia?

Con il web si apre ogni possibilità, gusto, perversione. Ti piace qualcosa? C'è YouPorn, c'è FetishTube, c'è WikiFeet.

Ti piace qualcuna? C'è Facebook. E poi Twitter. E poi Whatsapp.

Uhm.

I social network sono stati tsunami per le coppie, al punto tale che è verosimile immaginare che i veri inventori non siano stati i vari Mark Zuckerberg, ma piuttosto gli avvocati divorzisti. Divenuti tutti, grazie a loro, ancora più ricchi.

La Rete titilla il narcisismo di ognuno di noi. Abbatte le barriere, rende semplicissimo il gioco. Basta una foto, un messaggio e due parole messe bene in fila. Rende facili le avventure e difficili le relazioni stabili. E complica pure le chiusure, perché l'ex continuerà a braccarti su Facebook e Twitter, cliccando su «Mi piace» e retwittando di tutto, in una sorta di «garbato» stalking assai poco virtuale. La Rete ha aiutato la comunicazione, ma peggiorato la convivenza.

Se i nostri genitori volevano avere più possibilità, e non ce l'avevano, noi ne abbiamo troppe, e non sappiamo gestirle.

È come dover stare a dieta monogama per perdere ormoni, più che chili, e avere ogni giorno un banchetto poligamo davanti. Ancor più per i nati nei Settanta, che la rete la scoprono dopo i vent'anni e Facebook dopo i trenta.

Un ventenne nasce con Facebook e Twitter. Li sa padroneggiare o giù di lì. Noi no. Crediamo di saperli usare. Ma in realtà sono loro che usano noi.

E allora accadono queste cose.

Whatsapp Gate

Il vile maschio viene sputtanato dalla compagna perché ha lasciato aperto Facebook, e quindi la chat, permettendo alla (ex) moglie di brandire prove inconfutabili su quanto è zozzone. Ovviamente capita anche il contrario, ma di solito il marito è molto più tonto e se ne accorge con la rapidità guizzante di una Duna in salita.

Che sia stramaledetto Whatsapp. Okay, è gratis. Ma mantiene l'orario di quando ti connetti. Volendo si può mutare, ma ci vuole troppo – e poi il nato nei Settanta è spesso impedito con la tecnologia. E sempre volendo, l'orario si può direttamente nascondere, ma questo me l'ha svelato Peter Gomez durante una delle presentazioni di questo libro: l'ho fatto la sera stessa, ma troppo tardi.

Anche l'ennesima storia o storiella se n'era già andata. Per colpa di Whatsapp.

Sì, perché la compagna, o più raramente il compagno, può sottoporti al processo di Norimberga se le hai scritto un messaggio alle 23.18 ma la tua ultima connessione sancisce una presenza inconfutabile alle 1.19. Cosa è accaduto, cosa *diavolo* è accaduto in quelle due ore e un minuto di lasso temporale senza alibi? Con chi eri, con chi parlavi? È quella *troia* che hai salutato al supermercato? È quella *zoccola* della tua ex (c'entrano sempre le ex)?

Ne nascono, qui, delle discussioni leggendarie che non possono avere una soluzione, fatto salvo il ricorso all'Onu o magari ad Amnesty International.

Prima che la donna decida se perdonarti (rinfacciandotelo ovviamente ogni volta) o punirti con il divorzio e meglio ancora la fucilazione, il vile maschio passa in rassegna ogni scusa possibile. Tutte cose molto convincenti, tipo: 1) si è connesso il cane da solo, sai, è diventato molto bravo, lo ha addestrato Graeme Sims; 2) non me ne sono accorto, ci avrò battuto mentre mi giravo sul letto e ho urtato il comodino che ha fatto cadere l'iPhone che finendo sul tappeto si è aperto da solo su Whatsapp (ed erano le 1.19, esattamente, lo so perché io mi giro sempre a quell'ora e sbatto ogni volta sul comodino); 3) dev'essere un guasto della applicazione Apple. (P.S. Magari la verità era che non riuscivi a dormire e all'una hai fatto una partita a Ruzzle, ma mezzo ciucco com'eri prima di premere Ruzzle hai premuto l'icona a fianco di Whatsapp. Facile, no? No.)

Il Grande fratello della coppia postcontemporanea

I social network hanno abbattuto la fiducia reciproca tra uomo e donna. Così, anche e soprattutto quando non lo sai, il tuo computer ha installato dispositivi rubati direttamente alla CIA attraverso cui la compagna, o sempre più raramente il compagno, monitora ogni tuo spostamento. Il *Grande fratello* è un personaggio di Orwell, e pure un reality del menga, ma più che altro è la coppia postcontemporanea.

Molti di noi hanno saputo dell'esistenza degli screenshot, la foto dello schermo del Mac o dell'iPhone, quando la (presto) ex moglie o compagna ci ha sbattuto in faccia le mail o i whatsapp in cui trescavamo con altre. Ci ha mostrato la foto. Inequivocabile. E noi? Noi abbiamo detto e spergiurato che erano solo amiche, o magari addirittura amici, e che il contenuto dei messaggi verteva non sull'eros ma casomai sulla portata transgenerazionale dell'idealismo di Johann Gottlieb Fichte. Stranamente non ci hanno mai creduto.

I nostri genitori si amavano senza avere il cellulare. Noi, senza cellulare, non andiamo neanche in bagno. E allora è tutto un chiamarsi, messaggiarsi, whatsapparsi.

Conosco coppie che si sentono almeno venti volte al giorno. Tipo, ore 14.00: «Ciao cara, cosa fai? Ti manco?». Venti minuti di pippa reciproca. Poi, ore 14.30: «Ciao piccolo, cosa fai?» (stavolta ha chiamato lei). E lui riparte.

Non è dato sapere cosa possa essere capitato in quei dieci minuti scarsi intercorsi tra prima e seconda telefonata, ma a giudicare dalla dovizia di particolari la vita delle coppie di oggi deve essere piena di cose straordinarie da raccontare.

Se l'epica si misurasse dai minuti spesi al telefono, la mia generazione avrebbe scritto l'*Odissea*. In prima persona, e tutti attori protagonisti.

C'è una schizofrenia diffusa nella coppia di oggi. Non dico che i venti-trentenni siano meglio di noi, non lo so. Anzi sono più soggetti di noi al bimbominkismo e al trollismo di se stessi, che li porta a chiedersi cose tipo: «Amore, mi hai dato l'amicizia?».

E se lo chiedono dopo due anni di fidanzamento, forse inconsapevoli di pronunciare involontariamente delle verità altrimenti non confessabili.

L'Assioma del Buon Lorenzo

La mia generazione si separa. Spesso. Non è aumentato il tradimento rispetto a genitori e nonni: è aumentata la capacità del partner di scoprirlo. Ed è diminuita la capacità di perdonarlo. Più detective e meno pazienti: un mix che sta alla stabilità di coppia come il napalm al Vietnam.

Le nonne chiudevano un occhio, le mamme (e pure i padri) si scazzavano ma poi restavano quasi sempre insieme per il bene della prole (cioè di noi).

Noi e le nostre coppie non perdoniamo quasi mai. Con un'aggravante, che riguarda le donne e questa loro emancipazione contorta, come del resto tutta la nostra generazione. C'è il mito dell'Eastwood sotto la pioggia, c'è il mito di Capossela che fa il romantico.

E c'è, eccome se c'è, l'Assioma del Buon Lorenzo.

Ecco ancora Jovanotti, che incarna il fidanzato ideale: bravo, tutto sommato bello, famoso, ricco.

Sì, ma non basta. Scrive canzoni romantiche, buone per la mamma come per la moglie come per la figlia.

Sì, ma non basta. Jovanotti perdona: eccolo, il suo scacco matto.

È più famoso della compagna, potrebbe avere tutte le donne che desidera. Ma vuole solo Francesca. E la perdona. Di fronte al mondo.

La perdona, la sposa, la ama. Ora e sempre.

Jovanotti è l'anello di congiunzione tra l'abbraccio sopra il *Titanic* di Di Caprio-Winslet e l'emancipazione femminile.

Per questo è inattaccabile.

Dell'esser padri e figli

Però noi ci separiamo, perché corriamo sempre, abbiamo fretta, non vogliamo segreti (e se ci sono li scopriamo).

Questo è positivo, perché ci permette di spendere molte vite e avere nuove esperienze, ma è anche negativo, perché raramente potremo invecchiare con il compagno o la compagna che amavamo a venticinque anni, magari in discoteca, uno di quei sabato sera in cui a mezzanotte garantivamo di poter accettare solo bellone e poi (ma sì) a tarda notte, in mancanza di meglio, ci facevamo bastare anche quella non proprio prossima a Randi Ingerman, Rossella Brescia o Ilaria D'Amico.

E questo comporta un cambiamento sostanziale anche nel rapporto con i figli.

I nostri genitori, di norma, ci hanno protetto. A costo di castrare le proprie aspirazioni sentimentali. Volevano aiutarci, e probabilmente lo hanno fatto, anche se forse siamo rimasti più bamboccioni di quanto avremmo voluto e dovuto, perché tanto male che andava c'erano loro.

Noi, sempre di norma e con le dovute eccezioni, siamo più egoisti. Ma anche forse meno ipocriti, perlomeno nel rapporto col partner.

Ciò porta i figli a crescere in coppie separate, sottoponendoli a traumi che forse li fortificheranno.

Molto più di quanto siamo stati forti noi.

Conosco molti amici che, divenuti genitori, hanno trovato una maturità insospettabile. Li vedo guerreggiare con i nonni, dimentichi (come lo erano stati i nostri genitori con noi) che non c'è figura più sacra dei nonni nella vita di un uomo. Ma li vedo anche inseguire un loro equilibrio, una bussola che salvi – anche in tempi di tempesta di coppia – il futuro del piccolo.

Devo citare un'altra volta, e neanche so se è l'ultima, Nanni Moretti. Ancora *Caro diario*. In particolare il secondo episodio, «Isole», quello in cui Moretti prova a chiamare i genitori. Però al telefono rispondono i figli, che monopolizzano la conversazione e impediscono a Nanni di parlare con i destinatari teorici della telefonata. Una scena quasi «erodiana», assai coraggiosa in un Paese a ideologia iper-mammona come l'Italia. Ci ho sempre visto la satira brutale del regista per la sua generazione, che sarà stata anche fatta da splendidi quarantenni, ma pure da genitori un po' colpevoli.

Non credo, o credo in parte, che quella scena si adatterebbe alla nostra generazione. Il nostro egoismo ci ha portato, senza troppi meriti, a trovare un equilibrio forse migliore tra il permissivismo tout court e l'autoritarismo ad minchiam. Facciamo meno figli di tutti, e ci separiamo più di tutti, ma – chissà come, chissà perché – ci stiamo scoprendo più bravi come genitori che come figli.

Un bel vanto. Quando sarà, e se sarà, dall'alto del nostro fortino sopra un altare di sabbia, non più in riva al mare, e per questo salvo, spero solo di non abbassare la media.

Sì, ma quand'è che ci arrabbiamo?

Non si sa bene come sia successo, ci saremo forse distratti persino più del solito, ma un bel giorno ci siam trovati Matteo Renzi come rivoluzionario di riferimento.

Ora: quando una generazione intera prende un boyscout come Renzi come Subcomandante Marcos di riferimento, qualcosa non torna. È un po' come se volessimo fare un film porno e chiamassimo Paola Binetti come esperta.

Magari ci prenderemmo anche, ma così – su due piedi – non sembrerebbe la migliore delle idee possibili.

Barolo d'annata e gazzosa scipita

E allora uno si chiede: sì, ma com'è che ci siam trovati Renzi a parlare di rinnovamento e rottamazione, peraltro in nostro nome, o quantomeno nel nome anzitutto di chi è suo coetaneo e dunque anche mio?

Com'è che io avevo per mito Berlinguer e mi son trovato Renzi, che è come chiedere un Barolo d'annata e trovarsi una gazzosa scipita?

Perché chiedevamo Che Guevara, o anche solo Willy Brandt, e ci han dato un Mister Bean di Rignano sull'Arno (Volognano per l'esattezza), l'«imburratore» come lo chiamano a Firenze per la capacità di indorare la pillola e dar ragione a tutti?

Perché ci siamo – si sono – infatuati per questo *Renzie Fonzie in Pieraccioni* che indossa il giubbino di pelle dalla De Filippi per flirtare con l'elettorato avversario, che va a pranzo ad Arcore per calamitare l'elettorato avversario, che poi mangia con Briatore perché non bisogna demonizzare l'avversario, e poi mette all'asta Ponte Vecchio perché non si deve criminalizzare l'avversario, e insomma è così propenso a dialogare con l'avversario da dimenticarsi nel frattempo di parlare con quella che sarebbe teoricamente la sua parte politica?

E perché, anche quando lo fa, tipo dopo la sentenza della Cassazione che il 1° agosto 2013 ha condannato in via definitiva per frode fiscale Silvio Berlusconi, è parso di nuovo poco convincente, come uno che di colpo cambia trama e si mette a giocare al quasi-compagno?

Perché il Subcomandante *Renzie Fonzie in Pieraccioni* ci dice di ispirarci ai partigiani, quando loro combattevano per la libertà e rischiavano la vita, mentre lui lotta per il potere e rischia al massimo di rigare il 45 giri dei Righeira?

In apparenza non c'è risposta. Renzi rivoluzionario e politico di rottura sembra quasi una stranezza del destino. Ma invece, e a suo modo, Renzi è la risposta sbagliata (e dunque giusta) a una domanda giusta (però mal posta).

Qualche passo indietro.

Cervelli ieri esplosi e oggi implosi

La mia generazione ha sempre votato con Berlusconi in campo. Quella che è un'evidente anomalia politica mondiale, per noi è sempre stata la normalità.

Non si è quasi mai scelto sulla base dell'ideologia, ma piuttosto della contrapposizione. Berlusconiani o antiberlusconiani. Peraltro, con il termine «antiberlusconiano», si è sempre indicato una sorta di eccesso di giustizialismo, quando invece non è che l'esigenza di un livello minimo di morale. Di decenza. Di intelligenza.

Il senso di appartenenza è nato in partenza frustrato. Se nei Sessanta e Settanta ci si poteva persino permettere di star lì a sindacare su quanto la libertà inseguita fosse effettiva o piuttosto obbligatoria, per i votanti dei Novanta si è tagliato la pianta alla radice, perché del gusto e dei frutti della politica non restasse nulla. E infatti ben poco è restato. Molti neanche si sono posti il problema. Un'altra generazione si sarebbe forse opposta a una tale depravazione della politica. Noi, no. O comunque non abbastanza.

Se nei Settanta c'era un abuso di ideologia, gli anni erano affollati anche dal piombo e praticamente ogni giorno militanti di (estrema?) sinistra e destra si rincorrevano, fino a esecuzioni brutali come quella di Sergio Ramelli, ora alle chiavi inglesi si sono sostituite le chiavette usb. I cervelli ieri esplodevano e oggi piuttosto implodono.

Nonni e bisnonni credettero a Mussolini; padri hanno creduto a Craxi; e noi, chi più e chi meno, abbiamo tollerato Berlusconi e più ancora il berlusconismo, che ci ha intriso gli ideali e il linguaggio, condizionandoci la quotidianità e ipotecando buona parte del nostro orizzonte.

Non conosciamo granché il discorso pronunciato da Piero Calamandrei nel Salone degli affreschi della Società umanitaria di Milano il 26 gennaio 1955, e anche su Sandro Pertini il nostro affetto è più legato alla sua esultanza ai mondiali dell'82 che non ai suoi pensieri e alle sue parole, ma queste parole fotografano noi come e più dei giovani a cui si rivolgeva il celebre padre costituente «La politica è una brutta cosa», «che me ne importa della politica»: quando sento fare questo discorso, mi viene sempre in mente quella vecchia storiellina di quei due emigranti, due contadini, che attraversavano l'oceano su un piroscafo traballante. Uno di questi contadini dormiva nella stiva e l'altro stava sul ponte e si accorgeva che c'era una gran burrasca con delle onde altissime e il piroscafo oscillava: e allora questo contadino impaurito domanda a un marinaio: «Ma siamo in pericolo?», e questo dice: «Se continua questo mare, il bastimento fra mezz'ora affonda». Allora lui corre nella stiva a svegliare il compagno e dice: «Beppe, Beppe, Beppe, se continua questo mare, il bastimento fra mezz'ora affonda!». Quello dice: «Che me ne importa, non è mica mio!». Questo è l'indifferentismo alla politica.

«È così bello, è così comodo: la libertà c'è. Si vive in regime di libertà, ci sono altre cose da fare che interessarsi alla politica. E lo so anch'io! Il mondo è così bello, ci sono tante cose belle da vedere, da godere, oltre che occuparsi di politica. La politica non è una piacevole cosa. Però la libertà è come l'aria: ci si accorge di quanto vale quando comincia a mancare, quando si sente quel senso di asfissia che gli uomini della mia generazione hanno sentito per vent'anni, e che io auguro a voi, giovani, di non sentire mai.»

Non l'abbiamo sentita, ma un po' ci avrebbe fatto bene. Ci avrebbe reso meno dormienti.

Per esempio Tangentopoli

Sto tratteggiando un manipolo di gi(j)ovanotti senza arte né parte, ma qualche scarica c'è stata.

Scarica di rabbia e appartenenza. Non è stato né il Sessantotto, e neanche il Settantasette, e a dirla tutta non mi dolgo granché di aver mancato sia il primo che il secondo appuntamento, ma qualcosa c'è stato.

Ecco un contrappasso spietato: compiere 18 anni mentre il tuo Paese dà quasi per scontato che la giustizia umana, assurta di colpo a pressoché divina, monderà l'immoralità lasciando che la politica torni a somigliare all'idea – del tutto immotivata, temo – che ne aveva Platone.

Tangentopoli arriva presto per chi è nato nei Settanta, e

se ne percepiscono gli effetti in maniera ora epidermica e ora distratta. Rimangono le tribune televisive di Gianfranco Funari («Damme la uno, damme la due»: e ancora non aveva parlato di quanto fosse per lui mistica l'arte della evacuazione al cesso). Le arringhe decostruzioniste di Di Pietro. I politici della Prima Repubblica che sembrano già lontanissimi. E qualche colpevole, su cui pareva lecito e quasi doveroso infierire. Per dire, Cusani.

Sergio Cusani.

Credo se lo ricordino tutti, ma credo anche che nessuno rammenti esattamente veramente di cosa fosse accusato e per cosa fu condannato. L'importante era che fosse accusato; che pagasse; che di lui non si avesse pietà. E non per cattiveria: no, per il gusto antico di una democrazia alfine ritrovata. O di là da venire, quando non tornare.

Su la testa, o anche solo provarci

Per molti di noi, Tangentopoli è però un programma televisivo. *Su la testa!*, RaiTre. Il terzo canale di Stato godeva di libertà irripetibili, proprio perché Craxi era meno forte di prima e così la Dc. E Berlusconi, ovvero la depravazione definitiva del craxismo, non sembrava un incubo possibile (il sottotesto, in questi casi, era: «Mica penserai che gli italiani ci cascheranno un'altra volta?». Risposta: sì).

Su la testa! va in onda dal 6 ottobre al 4 dicembre 1992. Seconda serata di Telekabul. Dentro c'erano quasi tutti i comici che avrebbero fatto ridere gli italiani per anni, anzi decenni. Paolo Rossi, il padrone di casa. Aldo, Giovanni e Giacomo, all'epoca semisconosciuti. Antonio Albanese, Maurizio Milani, Antonio Cornacchione, Gianni Palladino, Bebo Storti, Lucia Vasini. E il ritrovato Cochi.

Molti di loro sarebbero poi confluiti nei programmi della Gialappa's Band, altra formazione che accompagnerà non solo l'intrattenimento alto ma anche una sorta di divertita e cinica coscienza politica. Gli sproloqui di Maurizio Mosca, il chroma key di Felice Caccamo, gli sketch di Crozza-Arrigo Sacchi con Billy Costacurta (ah, *i ghirigori dell'umiltè*). La gialappa è un purgante per cavalli, tra parentesi, e forse anche il fatto che la mia generazione abbia avuto per formazione qualcosa che ha a che fare con i lassativi qualcosa vorrà dire.

Qualcuno era quasi gabbiano ipotetico

Su la testa! è stato uno dei picchi della satira televisiva italiana. Per *Indietro tutta!* di Renzo Arbore, che va in onda nel 1987 come il *Fantastico 8* di Adriano Celentano, eravamo tutto sommato troppo piccoli: per *Su la testa!* no. Colpisce un pubblico fatalmente minore rispetto al contemporaneo *Karaoke* di Fiorello, un altro fustigatore-a-metà che tanto piace ai nati sotto i Settanta, ma non lascia indifferenti i suoi spettatori.

Guardarlo dava la sensazione provvisoria di sentirsi liberi. Parte integrante di un manipolo di gabbiani ipotetici che, pur senza aver mai avuto il tempo di essere o fingersi comunisti, credevano che si potesse essere veramente felici solo se lo erano anche gli altri. Se non proprio tutti, molti sì.

Il riferimento a *Qualcuno era comunista* non è casuale. È proprio nel 1992 che nasce il monologo di Gaber e Luporini. Lo stesso anno in cui muoiono Falcone e Borsellino. Lo stesso anno in cui c'era Tangentopoli. Lo stesso anno in cui si guardava *Su la testa!*

Lo stesso anno in cui abbiamo perso, tutti e anzitutto noi diciottenni, un'occasione storica: tramutare un'indignazione di pancia in moto permanente di ribellione civile e morale.

Non si può sottovalutare *Su la testa!* e più in generale la comicità in televisione. Pardon, la satira. Negli anni Ottanta, spesso, il massimo dell'eversione catodica erano il pranzo servito da Corrado, le curve intraviste di una Fiorella Pierobon e i doppi slalom pseudocervellotici di Corrado Tedeschi. Troppo giovani, anzi praticamente infanti, per il Cioni Mario di Gaspare fu Giulia scritto da Giuseppe Bertolucci e interpretato da un Roberto Benigni mai più così irresistibile, gli anni Ottanta ci avevano regalato i migliori attori-registi immaginabili. Nuti, Troisi, Verdone eccetera. Mancava però qualcuno in grado non di farti ridere: di farti incazzare. Di dare la stura alla rabbia, all'indignazione poco tracimante ma comunque esistente.

Per questo *Su la testa!* è seminale. Perché colma un vuoto, soddisfa una richiesta generazionale (e non solo generazionale) e perché di fatto sostituisce l'assenza di una formazione politica in grado di catalizzare gli umori non tanto dei sinistrorsi per abitudine o moda, quanto degli esigenti. Molto esigenti. Anche e soprattutto in politica.

Potrei citare anche i programmi di Serena Dandini e Fabio Fazio, che infatti saranno (sono) importanti, ma che si confacevano sin dagli esordi come l'estensione – spesso ispirata – del salotto buono di sinistra. Come capita oggi ascoltando Luciana Littizzetto, la risata è facile. Ma pure disinnescata.

E invece a noi servivano detonatori.

In questo senso, almeno in questo senso, non mancheranno. E saranno tutti decisivi per i quarantenni. Per esempio i programmi di Michele Santoro, o del migliore Maurizio Costanzo.

È poi un detonatore evidente Daniele Luttazzi, sia a teatro che in tivù. Finché gliel'hanno fatta fare, almeno. Quando Luttazzi ha il coraggio di dare la parola a Marco Travaglio, è il 14 marzo 2001. *Satyricon*, RaiDue. Una bomba. Che attendevamo. Luttazzi si consegna al martirio, Travaglio alla mitizzazione.

È lì che entrambi, definitivamente, diventano compagni

di viaggio e fratelli maggiori, spigolosi e quasi donchisciotteschi, di chi li legge e ascolta.

Si andava a vedere Luttazzi non solo per ridere, ma per sapere. Per esplodere. Per appartenere. La stessa cosa che capita con Beppe Grillo. Il quale, sopravvissuto agli Ottanta con una comicità nazionalpopolare fattasi via via più politica fino alla censura craxiana, si consegna alla clandestinità deliberata dei Palazzetti. Un nuovo genere, la satira ecologico-economica. Una controinformazione a cui ci si abbeverava, anche qui non solo per ridere quanto per avere accesso a un'informazione – e a una indignazione – drammaticamente assenti nei luoghi in via teorica preposti: televisioni, giornali, partiti.

È in quegli anni che Grillo diventa politico. È lì che si guadagna la fiducia di molti.

Match point per la sinistra. Sbagliato.

Nel frattempo la sinistra agonizza, frammentata e litigiosa, pavida e spesso correa.

Ed ecco il nuovo strappo, il nuovo cortocircuito: figure per nulla di sinistra come Beppe Grillo, Antonio Di Pietro e Marco Travaglio, diventano approdo di molti delusi di sinistra.

La mia generazione convive dunque con una sorta di doppio straniamento: la morte silenziosa della sinistra, proprio quando ce ne sarebbe più bisogno, e il trionfo perdurante del berlusconismo, proprio quando il cambiamento sembrava a portata di mano e voto.

La politica degli attuali quarantenni è caratterizzata da almeno due match point sprecati, quello del cambiamento e quello della partecipazione. Il primo viene pressoché definitivamente abbandonato, con buona pace degli afflati innovatori del '92.

La seconda diventa mera utopia quando passa l'ultimo treno possibile, chiamato Girotondi. Un'appartenenza, benché fugace, molto più radicata di quella, nervosa e rabbiosa, che esplose durante il G8 di Genova. Anno 2002: Nanni Moretti era l'intellettuale militante che si faceva carico del malcontento di tutti. Quando grida «Con questi leader non vinceremo mai», lo fa anche a nome di molti nati nei Settanta. E lo fa senza calcolarlo. L'urlo di piazza Navona acquisisce forza ulteriore proprio perché istintivo. È un Moretti così lontano da quello che, undici anni dopo, andrà stancamente e con convinzione illogica a tirare la volata (fantozziana) dello smacchiatore ipotetico di giaguari Pier Luigi Bersani.

2 febbraio 2002. Il comitato parlamentare di centrosinistra *La legge è uguale per tutti* – Tana de Zulueta, Patrizia Toia, Cinzia Dato, Loredana De Petris, Giuseppe Ayala, Marco Rizzo, Sandro Battisti e il portavoce Nando dalla Chiesa – organizza una manifestazione a Roma in piazza Navona. Quattromila presenti. Sul palco c'è la dirigenza della coalizione di opposizione dell'Ulivo, oltre a illustri intellettuali come Paolo Sylos Labini, Massimo Fini e Pancho Pardi. Di lì a poco, al gruppo, si aggiungerà con ruolo predominante il filosofo Paolo Flores D'Arcais.

Moretti arriva trafelato sul palco, la sciarpa *très chic* e nessun gobbo da leggere. Beve acqua, è nervoso. Attacca lo «squadrista» Emilio Fede. Dice: «Il problema è che per vincere bisogna saltare due, tre, quattro generazioni. Negli ultimi due interventi (di Fassino e di Rutelli) che scarso rispetto degli elettrici e degli elettori. [...] Si chiedeva un po' di autocritica rispetto agli errori del passato, alla timidezza, al non saper parlare alla testa, all'anima e al cuore delle persone, mentre invece la burocrazia alle mie spalle non ha capito nulla di queste serate. Noi, mi dispiace dirlo, ma con questo tipo di dirigenti non vinceremo mai».

È comunque un attacco organico, perché Moretti critica

senza neanche presagire uno strappo o una strada diversa. Uno «sfogo fedele alla linea», a conferma che di ossimori la mia generazione si è nutrita, talora inseguendoli e talora subendoli: «Mi dispiace molto, perché io continuerò a votare per l'Ulivo, ma questa enorme maggioranza del centrodestra gliel'ha data l'Ulivo, facendo una campagna elettorale l'altro anno timidissima, non cercando l'unità. È il loro mestiere. Io non riesco a parlare con Rifondazione comunista, non ci riesco, è più forte di me, ma il loro mestiere è fare politica, è cercare di presentarsi insieme a Di Pietro, insieme a Rifondazione comunista, insieme ad altri partiti. Insomma, facciamo che questa serata non sia stata proprio inutile».

E poi va via, quasi sbattendo il microfono e mimando un saluto rapido.

Su YouTube c'è la sequenza esatta. È significativo notare la prima persona che incontra Moretti dopo il suo discorso. Un militante. Che non si complimenta. Anzi. Lo blocca solo per criticarlo. Per chiamarlo «Tafazzi», accusandolo di aggravare ancora di più l'autolesionismo della sinistra italiana.

Anche solo da quella scena, solo apparentemente minore, avremmo dovuto capire che quello sfogo sarebbe stato presto disinnescato. E non per una congiura, ma per disabitudine scientemente coltivata al cambiamento.

Il vento della retorica

Sette mesi dopo, 14 settembre 2002, l'adunanza di piazza San Giovanni. Il canto del cigno dei girotondini.

Una sbornia non collettiva ma quasi, propositiva e rassicurante, che sembrava avere Sergio Cofferati come rappresentante ultimo del malcontento.

Sento parlare da anni di un leader credibile di sinistra. Dopo Enrico Berlinguer non ne abbiamo avuto neanche mezzo. Cofferati sembrava l'uomo lungamente atteso. Sembrava. Non se ne fece nulla. E allora i comici tornarono decisivi. Se però in *Su la testa!* sembravano profetizzare una svolta imminente, negli anni Duemila i comici erano già una sorta di contentino elevato. *Zelig, Colorado Cafè, famose du' spaghi.* Bravi, ma l'anelito al cambiamento non c'era più.

Duole poi ammettere che il cambiamento, a inizio anni Novanta, portava con sé un retrogusto fastidiosamente retorico.

Nei Sessanta c'era il vento che portava le risposte attraverso Bob Dylan. Nel 1990 il vento era diventato didascalicamente del cambiamento e aveva la voce indigeribile del tedesco Klaus Meine. Autore e interprete, con la tamarrissima rockband degli Scorpions, del brano strappalacrime *The wind of change.* Un'esondazione terrificante di cacofonie e melassa, parole diabetiche e teoricamente impegnate su arrangiamenti orrendamente ridondanti.

Era una canzone che parlava dei cambiamenti dell'Europa dell'Est. Il testo sembrava quello di una sigla di Cristina D'Avena per un cartone animato sulla perestrojka: «Portami alla magia del momento / Di una notte di gloria / Dove i figli del domani condividono i loro sogni / Con me e te».

Tremenda.

La cantavano tutti. Piaceva a tutti. A me, no. E continuo tuttora a pensare che, se in una rivoluzione sbagli l'inno, non vai da nessuna parte.

Se gli Stati Uniti avessero per inno *Su di noi* «nemmeno una nuvola» di Pupo, e non *The star-spangled banner*, gli americani non sarebbero andati da nessuna parte. Noi avevamo la voce da gatto stretto all'uscio di Meine. E infatti non siamo andati da nessuna parte.

Incapaci di appartenere, ci siamo affidati ai satirici migliori per sublimare l'assenza di rappresentanza. Corrado Guzzanti non è mai stato soltanto un comico, peraltro straordinario. È stato il politico che molti non hanno mai smesso di sognare.

Non potendo votare politici amati, eleggevamo a nostri rappresentanti quelli che sapevano farci ridere. Ridere bene, senza titillare il disimpegno quanto piuttosto il gusto di non adagiarsi.

Dire niente, ma dirlo bene

Ed è qui che arriva Matteo Renzi. Il Berluschino, il Pacioccone Mannaro, il Conte Mascetti debole. Renzi non sembra entrarci nulla, e invece c'entra. Perché è la rappresentazione perfetta della confusione totale dei suoi coetanei. Sballottati tra un'idea vaga di cambiamento e una risata non ripetibile, ci siamo trovati senza rappresentanti e pure senza spazio. Grande assente: il ricambio generazionale. Anzitutto in politica. Renzi, con il mantra della «rottamazione», indovina il ritornello giusto. «Rottamazione» sta alla politica come «Gimme five» alla musica. È bruttino e non vuol dire nulla, ma funziona.

Renzi punta il dito sul mancato ricambio generazionale e vince. Ottenendo l'applauso facile. Quelli più grandi di noi non mollano quasi mai la presa, non lasciano spazi e l'Italia è piena di sepolcri imbiancati che se ne stanno lì a bivaccare intellettualmente accentuando la stasi cerebrale del Paese. È ovvio che i coetanei di Renzi ce l'abbiano con loro. Ma non è solo per questo che sbanca. E nemmeno per il talento mediatico, che certo esiste ma che è non poco agevolato da un giornalismo quasi sempre a lui asservito e colpevolmente iper-celebrante. È anche per quel suo essere in tutto e per tutto figlio dei suoi anni, delle sue confusioni, di quel perenne maanchismo che è – a ben pensarci – molto più nostro che di Veltroni.

Renzi è tutto e niente, quindi perfetto come emblema del

quarantenne. Non dice niente, ma lo dice benissimo. Passa per serio, ma mette il giubbino di Fonzie per intercettare il pubblico di Maria De Filippi. Passa per rivoluzionario, ma è un boyscout. Passa per irriverente, ma è un toscano analcolico e innocuo, che nulla c'entra con il Cioni Mario, ricordando piuttosto il Panariello che imita il bagnino che mostra il marsupio o il Pieraccioni perennemente infatuato di qualche stangona straniera. Più che politico, Renzi è pesce innamorato. Di tutto e niente, oltre che di se stesso. I suoi punti cardinali sono ovviamente confusi, e anche qui Renzi segue una trasformazione calcolata: la mancanza culturale diventa cifra distintiva, il difetto conoscitivo assurge a pregio con stimmate di unicità.

Una vacuità conquistata a fatica.

Renzi scrive libri che partono da De Gasperi e arrivano agli U2, proprio come la grande chiesa jovanottiana che parte da Che Guevara e arriva fino a Madre Teresa. È pleonastico sapere che Jovanotti è renziano, perché è come affermare che Jovanotti è Jovanotti. Come è pleonastico affermare che Renzi, tra una supercazzola immaginifica e l'altra, sempre immerso in una narrazione furbescamente sospesa tra Moccia e Jerry Calà, ami citare nei suoi discorsi politici *Non è tempo per noi*. La canzone di Ligabue non può non piacergli, perché ne ricalca l'approccio di ribellione vaga, aleatoria e quasi per sentito dire.

Dalla brace alla padella

Renzi è una sorta di sintesi, talora involontariamente caricaturale, del quarantenne italicus: un po' yuppie e un po' impegnato, un po' di sinistra e un po' di destra, un po' operaista (ma poco) e un po' marchionnista, un po' bamboccione e un po' emancipato, un po' bruttino e un po' no – però convinto di piacere: proprio come Jerry Calà nei suoi film. Il programma politico di Renzi non l'ha scritto lui, ma Eros Ramazzotti, un altro *magister vacui* degli anni Ottanta: «Una terra promessa, un mondo diverso dove crescere i nostri pensieri». L'Homo Renzianus ce l'ha con i più grandi non per convinzione, ma perché gliel'hanno detto. Chiede il cambiamento, però se poi non lo ottiene è contento lo stesso.

Renzi non è un politico: è un'icona *maanchista*. Un Veltronino pacioccone e quasi-blairiano. Un vincente, non per le idee (vaghe) ma per la confezione (sfavillante) che le incarta. Un Berluschino, munito pure di bandana bianca d'ordinanza. Il campione dell'ibridazione, figlio e frutto della teoria del caos che lo ha cresciuto, lui come molti. Segna il passaggio non dalla padella alla brace, ma più esattamente dalla brace alla padella: non un grande miglioramento.

La generazione dei nati nei Settanta si è formata tra appartenenze a singhiozzo, satira concepita come coperta di Linus e un'indignazione maldestra che sapeva più che altro di mugugno. Di fastidio malmostoso, da curare con la prima pastiglia Valda-Renzi che passava il convento dei quasi-ribelli: non è tempo per noi, io penso positivo perché son vivo, e poi tutti insieme *vamos a la playa*.

Oh oh oh oh oh.

Rispetto alla generazione successiva, c'era più ideologia e meno coraggio. Quando c'è stato da arrabbiarsi, anzi da incazzarsi, abbiamo quasi sempre marcato visita. Mandando pure i genitori dal preside perché ci giustificassero con una scusa qualsiasi, magari il gomito che faceva contatto col piede, come in *Servi della gleba* di Elio e le Storie Tese.

I nati nei Novanta, pur consci di semplificare, sono l'esatto contrario: si compiacciono nel ripetere che destra e sinistra pari sono, e si masturbano ore e ore in Rete, però – se interessati alla politica – sono anche più risoluti. Più

partecipi. Persino più utopici, sebbene con abusi di inge-
nuità e manicheismo. Il successo del Movimento 5 Stelle
risiede anche qui: nel presentarsi come casello per migliaia
di giovani che non avrebbero altrimenti potuto imboccare
l'autostrada della politica (la metafora è un po' retorica:
infatti è di Mario Calabresi).

Perché il Movimento 5 Stelle ha avuto successo? (Anche)
perché da vent'anni c'era chi chiedeva un soggetto politico
diverso dai preesistenti. Che assecondasse l'incazzatura politica. E la frustrazione era tale che, in mancanza di meglio,
alcuni si sarebbero fatti bastare qualunque cosa. Qualunque
e chiunque, persino Roberta Lombardi e Vito Crimi. Tutti,
ma proprio tutti, pur di non votare sempre quelli lì.

La supercazzola del cambiamento

C'è poi una debolezza ideologica totale, nel giochino renziano della rottamazione. Una debolezza che, ovviamente,
Renzi conosce e su cui gioca. Se fosse applicata davvero e
interamente, di chi sarebbe unicamente appannaggio la
politica italiana? Dei colleghi coetanei di Renzi in Parlamen-
to. Le Paola De Micheli, le Alessandra Moretti, i Matteo
Orfini. Le Marianna *Acume* Madia, le *Karina Huff* Boschi,
le Pina *Dolce forno* Picierno. Sarebbero migliori di chi li ha
preceduti? Lo sono, lo saranno? Non credo proprio.

Altro virgulto della *new politic* è Pippo Civati, peraltro
uno dei più bravi benché dolentemente privo di carisma e
dunque di reali chance politiche. Nella recita del presepe,
Pippo gioca al Renzi buono. All'equilibrista di sinistra, al
dissidente modello. Civati è colui che si ribella, ma anche
no; che si gode, ma anche no; che ci si arrabbia, ma anche
no. Che la rivoluzione oggi no, domani forse, ma dopodo-
mani neanche.

E poi gli slogan. Dio mio, gli slogan. Pippo *Tentenna*

Civati: «Le cose cambiano, cambiandole». Matteo *Renzie Fonzie in Pieraccioni*: «Nessun giorno è sbagliato per provare a cambiare». Cosa vuol dire? Niente. Quindi va benissimo. La supercazzola del cambiamento.

Renzi sa bene che la rottamazione è un mantra facile, una canzonetta per l'estate che vien bene cantare e pure condividere, perché in tanti non ne possono più dei D'Alema. Ma sa anche che, se il cambiamento è Roberto Speranza, tanto vale lasciar tutto com'è.

C'era più vita nei 95 anni di Mario Monicelli che nei 40 anni di *Mestizia* Orfini. E questo anche perché molti di noi si sono rottamati da soli. Rottamati dentro. Persino felici di farlo.

P.S. Quando poi però penso che la generazione di mio padre ha generato Gasparri, Maurizio Gasparri, penso che poteva andarci meglio. Sì. Ma forse pure peggio. Parecchio peggio.

Gattopardismo 2.0

Lo sbarco dei quarantenni al governo ha confermato tutte le perplessità espresse nel capitolo precedente: la rottamazione dichiarata che cela la restaurazione furbina, il leit motiv del cambiamento che nasconde un gattopardismo 2.0 giovanilista e buonista, arrogante e debolissimo. Anche chi era stato inizialmente possibilista nei confronti di Renzi, ha poi in larga parte corretto il tiro. È il caso di Marco Travaglio, che il 30 agosto ha scritto su «Il Fatto Quotidiano»: «Diciamola tutta, allora, fuori dai denti: la rottamazione, la rivoluzione, l'innovazione sono annunci vuoti, promesse vane, parole al vento. Il bulletto di Rignano s'è messo prontamente a cuccia e protegge come i suoi predecessori una classe dirigente che campa sulle prescrizioni (senza sarebbe decimata dalle retate), sugli scambi e sulle trattative con le mafie, sui bilanci falsi, sulle frodi fiscali e sulla speranza di non essere intercettata (o, nel caso lo fosse, almeno di non finire sputtanata sui giornali)».

Lo stesso giorno, e sullo stesso giornale (notoriamente satollo di criminosi sovversivi), Antonio Padellaro ha commentato la trovata imbarazzante del gelato di Renzi contrapposto alla crisi, proprio come i «ristoranti sempre pieni» evocati dal maestro Berlusconi: «Con tutti i problemi che abbiamo non si sentiva proprio il bisogno di un replay di Berlusconi che fa il clown e passeggia per il cortile di

Palazzo Chigi leccando un gelato. Anzi, duole dirlo, ma perfino l'ex Cavaliere avrebbe evitato di fare il pagliaccio con il governo nel bel mezzo di una crisi economica ogni giorno più devastante. Ma, come il Pregiudicato (con il quale non a caso è culo e camicia e stringe patti segreti), Renzi pensa di fare fessi gli italiani con queste piccole armi di distrazione di massa. Non gira un euro, i negozi sono vuoti, le imprese chiudono, le famiglie affrontano il peggiore autunno dagli anni Cinquanta, ma il premier giovanotto viene immortalato mentre mangiucchia banane o si tira una secchiata d'acqua in testa. Come dire: ragazzi va tutto benone, e se i gufi dell'"Economist" mi dipingono come un adolescente immaturo accanto a Hollande e alla Merkel mentre la barchetta dell'euro affonda, io ci rido sopra e fo il ganzo».

Ammantato di una positività melliflua e posticcia, il renzismo è un nulla ideologico assai insidioso: dittatura buona – il peggiore degli ossimori – spacciata per cioccolatino. Pensiero debole e sciocchezza fortissima. Un virus insinuante e tracimante, propagato da un'informazione troppo spesso compiacente, che attecchisce neanche troppo difficilmente su un Paese da sempre incline al gattopardismo.

Il renzismo ha tanti cantori, che sgomitano da mattina a sera per salire sul carro del vincitore, e tra questi vanta un ruolo di primo piano Oscar Farinetti, patron di Eataly e depositario dell'ottimismo da discount. A luglio era ospite de *Il libro possibile*, la rassegna letteraria di Polignano a Mare (Bari). Il portale satirico Amaroblog ha raccontato così il suo intervento: «Venerdì sera al *Libro possibile* di Polignano a Mare era pieno di gente fortunata. Tantissima gente ottimista e fortunata che volendo può lavorare e guadagnare quanto vuole! Parola di Oscar Farinetti, il renzismo fatto orsacchiotto. "Dicono a questi ragazzi di Renzi che le loro riforme sono incostituzionali. Ma chi se ne frega! Basta che lavorino." Yuppi! Fanculo Travaglio e la sua ossessione per la democrazia autoritaria. Con la riforma di Renzi il segretario di un partito del 20 per cento potrebbe arrivare a nominare il 55 per cento di parlamentari e governare indisturbato senza contrappesi? Chissene! Who cares? Basta con questi giornalisti che ci danno ogni giorno cattive notizie. "Noi dobbiamo essere fortunati." Capito? Dobbiamo!? Che si fotta il pessimismo (e anche la semantica). Dire. Fare. Amare. Nell'era renziana, caro 43 per cento di giovani disoccupati, per essere fortunati basta volerlo! Altrimenti ci penserà Farinetti a globalizzare anche le torte delle vostre nonne e lasciarvi un decimo della percentuale».

Ecco, il renzismo è sostanzialmente questo: desiderio di potere, ambizione, impreparazione, democrazia autoritaria. Slogan e promesse, hashtag e supercazzole, «annuncite» e «passo dopo passo». Obbligo alla speranza, azzeramento dell'opposizione, arroganza benedetta dai media.

Ed è anche l'elogio acritico del «fare»: non importa poi cosa si faccia, e se quel che si fa è una stortura antidemocratica persino peggiorativa del già orrendo status quo preesistente. Quel che conta è «fare», agire e approvare, dando agli elettori la sensazione – o meglio l'illusione – che tutto si muova e tutto cambi, quando in realtà poco si muove e nulla cambia: gattopardismo 2.0, però buonista.

«Lasciateli lavorare», non disturbate i «ragazzi» di Farinetti con critiche astiose. Si sa, l'ottimismo è il profumo della vita. E se qualcuno non è d'accordo, fosse esso un cittadino o la Costituzione, «chi se ne frega».

Il renzismo – ora che lo si può vedere all'opera, ora che si ha contezza della promessa che quasi mai si traduce in atto concreto – è un berlusconismo appena più tollerabile, griffato centrosinistra e dunque tollerato o addirittura tifato da chi prima contestava Berlusconi per ogni mossa e oggi incensa Renzi per ogni atto (anzi promessa), sebbene quell'atto (anzi promessa) sia spesso identico a ciò che si prefiggeva Berlusconi. La diversità di approccio, da parte di molti giornalisti, diventa ancora più imbarazzante (per loro) quando si tratta di commentare la labilità dei ministri renziani. Quando a sbagliare erano Carfagna e Gelmini, infierire era lecito; se invece a dimostrarsi improponibili sono le *Karina Huff* Boschi, criticarle è sgradito e figlio di un approccio odiosamente sessista.

Il renzismo assurge così a scacco matto al cambiamento, perché restaura con una sorta di efferatezza garbata che si nutre della compiacenza dei media. E risulta dunque pressoché imbattibile.

La generazione dei nati nei Settanta, assecondando quella sua propensione per nulla latente – e molto italiana – all'accontentarsi, ha finito con il voltare interamente le spalle alla richiesta di aiuto di Antonino Caponnetto: all'arrabbiarsi e all'indignarsi, ha preferito la conservazione. Non è un caso che *Karina Huff* Boschi, nata a inizio Ottanta e dunque prossima per (non) idee e (non) riferimenti a Renzi, ami citare tra i suoi maestri Amintore Fanfani. Come può una generazione di aspiranti innovatori citare Fanfani? Sarebbe come se un attore porno si ispirasse alla Binetti.

In questo senso Renzi è perfetto come condottiero debole di una generazione confusa. Renzi è il protagonista di *Tapparella* di Elio e le Storie Tese, il ragazzotto sfigato che nessuno invitava alla «dannata festa delle medie» e – quasi come il giudice di Edgar Lee Masters e Fabrizio De André – si vendica una volta adulto e potente. Abile a citare Nelson Mandela quando deve (e c'è pure chi ritiene Renzi stesso «il nuovo Mandela», per esempio proprio Farinetti), l'ex boyscout fiorentino è un Berluschino molto meno intelligente ma molto più celebrato, vuoto per contenuto ma scaltro nell'abbindolare. Mente con leggerezza («Letta stai sereno», «Mai con Alfano al governo», «Berlusconi game over») e promette a getto continuo. Felicemente affetto dal morbo del Conte Mascetti, si adopera senza requie nella creazione di supercazzole elettoralmente efficaci. Non ha contenuto, ma il contenuto non gli serve, perché non accetta il contraddittorio (dunque nessuno può ricordargli le bischerate che dice) e perché il dibattito politico è perlopiù rasoterra: da una parte gli ottimisti, dall'altro i gufi rosiconi.

Se sei dalla parte di Renzi vuoi bene all'Italia, se osi dissentire sei uno sciacallo. Manca solo che, prima o poi, uno dei tanti Gasparri di centrosinistra – una *Dolce Forno* Picierno, un *Fabris* Orfini, un *Carisma* Speranza: c'è l'imbarazzo della scelta – replichi a un parere sgradito gridando «specchio riflesso». Come all'asilo. Renzi ha ricevuto l'adesione di Jovanotti, sempre a suo agio quando può muoversi in perfetta assenza di gravità e pensiero, e di Bono Vox, dimostrazione sin troppo spietata di quanto non sia facile invecchiare, ma il suo ideologo preferito resta Eros Ramazzotti. La terra promessa e il mondo diverso «dove crescere i nostri pensieri»: che nel frattempo non esistono più, e dunque la crescita è pari a zero.

Se quello che la nostra generazione doveva fare era rompere gli schemi con il passato, un passato fatalmente appesantito da venti anni di berlusconismo, il fallimento è stato totale. Spietato ma calzante un tweet del satirico Luca Bottura, certo non tacciabile di filogrillismo (altra «accusa» che si suole muovere a chiunque non abbia in camera il poster del *Pacioccone Mannaro* Matteo): «Senti parlare la Boschi e capisci che Berlusconi non ha vinto. Ha stravinto». Ed è proprio così, perché Renzi sta a Berlusconi come Dorian Gray al quadro.

Potevamo essere incendiari e ci siamo ritrovati supercazzolisti. La mia generazione non ha perso e neanche pareggiato, a ben pensarci. Ha restaurato. Che è molto peggio.

Il blob delle frasi «forti» di Renzi, parzialmente raccolto in un esilarante articolo di Daniela Ranieri per «Il Fatto Quotidiano», è un concentrato di vuoto, con citazioni qua e là di Gigliola Cinquetti (primo discorso al Senato) e Jalisse (primo discorso alla Camera) per darsi un tono. «È la volta buona», «L'Italia riparte», «È importante regalare un sorriso», «La gioia di una bevuta insieme», «Non ci sono più alibi», «Il girotondo lascia sempre lì», «Abbassare i toni. Alzare le ambizioni», «Non abbiamo più scuse. Ma siamo l'Italia, e ce la faremo», «Riscoprirsi Telemaco», «Dobbiamo smetterla di piangerci addosso», «Siamo in dirittura. Siamo a un bivio», «Tocca a noi guidare la macchina», «Un'Italia che sia leader e non follower», «Noi più forti dei pagliacci», «Lotterò su ogni pallone», «Rivoluzione soft», «Chi sbaglia paga», «Non cambiare tutto ma cambiare tutti», «Le cose giuste sono giuste», «Siamo la generazione Erasmus», «Facciamo ripartire il treno. Togliamo il sasso dai binari». Le riforme sono come il Pin del telefonino. «Sblocchiamo la tastiera», «Se non cambiamo noi tradiamo noi stessi», «Mare Nostrum non può essere nostrum», «Non chiediamo un giudizio sul passato ma vogliamo cominciare il futuro», «Ogni volto corrisponde a un voto ogni voto corrisponde a un volto», «Non essere solo un puntino su Google Maps». Eccetera eccetera, e senza mai dimenticare che la tapioca è sempre prematurata e con scappellamento a destra (mai a sinistra: sarebbe volgare).

Più giovanilista che giovane, Renzi è sempre più coincidente con l'obeso tratteggiato da Gaber e Luporini, «il Leopardi americano» pieno di niente. Un Mister Bean, però meno intellettuale, che parla l'inglese peggio di Alberto Sordi in *Un americano a Roma* («Mai mader u crai», «Antonio Meucci is e gud man», «De-de-de-de-de is de taim to de lancc»).

Consapevole della propria inconsistenza, dimostra che la maggioranza degli elettori italiani sia «figlia di un duce minore»: non si limita ad amare l'uomo solo al comando, ma lo predilige pure platealmente cazzaro e smisuratamente ridicolo. Anche per questo Renzi suole circondarsi di yesmen e yeswomen ancora più inconsistenti di lui: perché la sua pochezza non risulti evidente alle masse. E almeno in questo è bravissimo: nessuno, tra i Gozi e le Pinotti, le Bonafè e i Faraone, le Madia e Mogherini, corre certo il rischio di oscurarlo.

Il quadro politico, mediamente sconfortante, acquisisce poi toni caricaturali se si tiene conto della discrepanza tra la realtà renziana e la narrazione che ne viene data. Per certi versi sembra di essere tornati all'Istituto Luce. Ogni gesto di Renzi è magnificato, perfino quando gioca a tennis o corre sul tapis roulant. Egli è bello, è forte, è perfetto. Egli è Luce e Saggezza. Anche il suo accento toscano viene magnificato in articolesse pensose e inebriate, che paiono quasi voler dare ragione alla battutaccia paradossale dell'odioso Stanis La Rochelle in *Boris* («Il grande merito di questa fiction? Non ci sono i toscani. Non c'è nessuno che dice "la mi' mamma", "il mi' babbo", "passami la carta". Perché con quella "c" aspirata e quell'umorismo da quattro soldi, i toscani hanno devastato questo Paese»).

Più ancora di *Boris*, sembra di essere finiti dentro *Pensavo fosse amore invece era un calesse*. L'ultima regia di Massimo Troisi, un altro che in questo libro torna spesso. Lasciato da Cecilia (Francesca Neri), Tommaso (Troisi) viene a sapere che l'ex compagna si è fidanzata con Enea. Tutti glielo descrivono come un uomo bellissimo. Incuriosito e ferito, Tommaso si reca in una palestra dove lavora Enea. Scopre che l'uomo – interpretato da Marco Messeri – non solo non è bello, ma fa pure un lavoro improbabile: l'arbitro di una gara tra barbieri, appollaiato su un trespolo come un giudice di sedia in una partita di tennis. Enea non ha nulla, ma proprio nulla, di affascinante. Eppure, attorno a lui, tutti ripetono a Tommaso: «È bello, vero? È bellissimo Enea». Un incantamento collettivo, una sbornia trasversale per il primo Panariello minore che passava di lì. Proprio come con il renzismo. E quando Tommaso osa controbattere che «al massimo Enea è simpatico, ma bello proprio no», gli amici scrollano la testa e ne hanno quasi pietà: «Parli così perché sei ferito, perché Cecilia ti ha lasciato per lui».

Evidentemente, oltre a Berlusconi e Righeira, De Mita e Fanfani, Matteo Renzi ha tra i suoi maestri anche l'arbitro di barbieri Enea. E, altrettanto evidentemente, anche Troisi era un «gufo rosicone». Ante litteram.

Come potremmo essere

La speranza è una trappola

Raiperunanotte è l'ultimo grande evento televisivo che io ricordi della tivù italiana: l'ultima volta in cui mi sono sentito appartenente, intendo a livello catodico, a qualcosa. Va in onda il 25 marzo 2010 dal PalaDozza di Bologna, per aggirare la sospensione della messa in onda dei talk show politici della Rai *Annozero*, *Porta a Porta* e *Ballarò*, posta dal consiglio di amministrazione Rai nel periodo delle elezioni regionali del 2010. Un'idea di Santoro, FNSI e USIGRai. La trasmissione andò in onda grazie al contributo dato da 50.000 persone che versarono 2,50 euro a testa.

Telesogno

Raiperunanotte fu trasmesso in diretta streaming sul web, nelle piazze italiane e in collaborazione con diverse emittenti aderenti all'evento, sia digitali che analogiche. Quando Rai News 24 lo propose, in differita e in versione non integrale, tagliò il monologo di Daniele Luttazzi. Un apice della satira italiana, che Luttazzi pagò di lì a poco con la querelle-plagio, fatta esplodere (non senza prove inconfutabili) anzitutto da chi lo detestava. Colleghi, giornalisti, potenti. Praticamente mezza Italia.

I programmi di Santoro sono stati decisivi, che lo si

amasse o meno. Come e più del *Maurizio Costanzo show*. E infatti i due giornalisti si sono incrociati, proprio quando il cambiamento sembrava possibile. Per esempio nella staffetta del 1991 *Samarcanda-Costanzo show*, quella con lo sfogo osceno di Totò Cuffaro contro Falcone. Se Costanzo era il focolare catodico nazionalpopolare ma al tempo stesso un po' colto, Santoro è sempre stato il catalizzatore di ciò che oggi si suole chiamare giustizialismo e che io preferisco definire anelito minimo all'indignazione.

Raiperunanotte è la sua sfida televisiva più bella. Ce n'erano già state altre, e ne verranno altre, ma la più bella resta quella. A dispetto di qualche ospite che non c'entrava nulla, come Morgan (lì al suo minimo storico) o Venditti (lì al suo livello solito, cioè minimo).

L'idea di bypassare la tivù canonica generalista, credendo nel progetto alternativo e laterale di tanti network minori, va oltre il tentativo di individuare un nuovo modello di business. È come se, non meno della nostra generazione, che costituisce il serbatoio primo (o uno dei primi) del suo pubblico, Santoro avvertisse una perdita del centro di gravità emittente. Da qui l'approdo a una logica cooperativa, a un tentativo – che dovremmo fare nostro – di unire entità anarcoidi in nome di una collettività finalmente condivisa.

Raiperunanotte è un'applicazione televisiva, ma più esattamente ideologica, del sistema rizoma. La capacità di sviluppare autonomamente nuove piante anche in condizioni sfavorevoli, tipico delle piante rizomatose, ha spinto molti studiosi a usarla in senso metaforico. Jung usa il termine rizoma riferendosi alla natura invisibile della vita, che si sviluppa perlopiù sottoterra. Qui è però più calzante la chiave di lettura di Gilles Deleuze e Felix Guattari, secondo cui il rizoma identifica un tipo di ricerca filosofica che procede per multipli, senza punti di entrata o uscita ben definiti. E, più ancora, senza gerarchie interne.

Dal centro perduto al rizoma occasionale: anche questo è un percorso della mia generazione. Non per nulla, accanto all'asparago e al mughetto, anche la gramigna è un rizoma. Quindi anche Jack Bauer lo è. Quindi anche molti nati sotto i Settanta.

Centenari a mostrarci la via

Non va a nostro favore, e più in generale dell'Italia tutta, ma gli ospiti più vivi e stimolanti di *Raiperunanotte* furono due quasi centenari: Gillo Dorfles, classe 1910; e Mario Monicelli, classe 1915. E soltanto per caso non c'era anche don Gallo, un altro che tanto ci ha insegnato.

Entrambi fotografarono l'Italia, segnatamente gli errori ripetuti e il perdurante crepuscolo contemporaneo. Con lucidità inattaccabile.

Monicelli è morto poco dopo quella trasmissione. Il 29 novembre dello stesso anno, il 2010, si è buttato dal quinto piano del reparto di urologia dell'ospedale San Giovanni a Roma. Aveva un cancro alla prostata in fase terminale. Ebbe un figlio a settantaquattro anni e, fino alla fine, si vantò della sua vitalità. Sì, anche sessuale.

Non voleva darsi il tempo di un'agonia che avrebbe indotto gli altri alla commozione. Alla pietà. Così tagliò l'ultima scena, sperando che al suo funerale laico scappasse a molti da ridere, come a quello di Philippe Noiret in *Amici miei*.

L'amore è pericoloso

Uomo raro, Monicelli, non solo per la qualità dei film girati, quasi tutti venati da un'ironia agrodolce e da una speranza sistematicamente negata, si parlasse di grande guerra o di borghesi piccoli piccoli.

Le sue interviste erano quasi sempre imperdibili. Sapeva creare naturalmente l'aforisma, come un Oscar Wilde che si era dato il tempo di invecchiare. Giovane, sempre giovane. Anche da vecchio. Anche quando, in un *Match* sulla Rai, spuntò con agio la supponenza di un giovane Nanni Moretti (visto? L'ho citato un'altra volta. Stavolta l'ultima. Credo).

Ricordo, tra le tante, la sua teoria sul dover vivere soli da anziani: «Perché lo faccio? Per rimanere vivo il più a lungo possibile. L'amore delle donne, parenti, figlie, mogli, amanti, è molto pericoloso. La donna è infermiera nell'animo, e, se ha vicino un vecchio, è sempre pronta ad interpretare ogni suo desiderio, a correre a portargli quello di cui ha bisogno. Così piano piano questo vecchio non fa più niente, rimane in poltrona, non si muove più e diventa un vecchio rincoglionito. Se invece il vecchio è costretto a farsi le cose da solo, rifarsi il letto, uscire, accendere dei fornelli, qualche volta bruciarsi, va avanti dieci anni di più».

Ci teneva a far sapere che lui non piangeva mai. L'ultima volta che era successo, ripeteva, fu quando morì il padre Tomaso, giornalista e scrittore antifascista. Suicida pure lui, nel 1946, a sessantatré anni. «Ho capito il suo gesto. Era stato tagliato fuori ingiustamente dal suo lavoro, anche a guerra finita, e sentiva di non avere più niente da fare qua. La vita non è sempre degna di essere vissuta; se smette di essere vera e dignitosa non ne vale la pena. Il cadavere di mio padre l'ho trovato io. Verso le sei del mattino ho sentito un colpo di rivoltella, mi sono alzato e ho forzato la porta del bagno. Tra l'altro un bagno molto modesto».

Anche quando raccontava fatti drammatici della sua vita, Monicelli stava sempre bene attento ai dettagli.

Così, nella narrazione del suicidio del padre, il colpo di rivoltella non era più importante del contesto. E il contesto era un bagno. Modesto. E il contesto era la scena di Monicelli. Scena per nulla modesta.

L'autopsia del Profeta

I giovani conoscono Monicelli soprattutto per la sua militanza politica. Ateo e comunista, negli ultimi mesi della sua vita partecipò al No Berlusconi Day del 5 dicembre 2009 e il 27 febbraio 2010 alla manifestazione organizzata dal Popolo Viola contro il legittimo impedimento.

Poi arriva l'intervista per *Raiperunanotte*. Poco meno di dodici minuti. Vestito di nero, elegante, splendido. Il vezzo degli occhiali rossi sulla fronte, quasi appollaiati, che ne riverberano l'immagine ieratica.

Da Profeta suo malgrado, che regala al proprio Paese la sua autopsia. Dice: «Tira una brutta aria, ma l'aria ha cominciato a tirare brutta da alcune generazioni fa, pensa un po', ormai sta diventando mefitica. E quindi non so dove andremo a finire. Anzi io lo so, e lo spero anche. [...] Voi parlate sempre di classe politica, ma è la classe dirigente che va spazzata via, perché è quella che ha portato l'Italia dove ci troviamo, da due o tre generazioni. Sono i grandi dell'istruzione, della medicina, dell'editoria, i padroni dei giornali. Tutti questi che governano l'Italia, non solo quei tre o quattro politici. E secondo me non basterebbe neanche la classe dirigente. È la generazione che è bacata, che è morta, che non ha voglia più di far niente».

Monicelli spara una cannonata anche al padrone di casa: «Hanno tutti solo paura di sbagliare, di non essere dove stanno, di perdere il loro posto. Tutti, compreso Santoro, per dire uno che va meno peggio degli altri. Anche questa trasmissione darà la possibilità a questo governo fascista di dire: "Vedete, parla anche Santoro"».

Monicelli narra di censura («che più che altro ce la facciamo da noi, se la fanno da sé tutti quanti»), di morti bianche, di un'Italia che non ha coraggio anzitutto nella sua classe dirigente. Poi va avanti: «Il governo Berlusconi è un'emanazione diretta del fascismo [...] Gli italiani sono sempre stati pavidi e poco coraggiosi. Sono stati vent'anni sotto un governo fascista ridicolo, con un pagliaccio che stava lassù, avete visto cos'ha combinato [...] Eravamo tutti contenti che guidava lui, pensava lui, Mussolini ha sempre ragione. Lasciamolo lavorare, tutti buoni e zitti».

Gli italiani non sono cambiati. «Berlusconi gli ha detto: "Lasciatemi governare, votatemi, perché io mi sono fatto da solo, sono un lavoratore, sono diventato miliardario e vi farò diventare tutti milionari". Benissimo, hai voglia. Sono 15 anni che gli italiani aspettano e credono. Gli italiani sono fatti così: vogliono che qualcuno pensi per loro. Poi se va bene va bene, se va male lo impiccano a testa sotto. Questo è l'italiano [...] Gli italiani di Gassman e Sordi avevano una loro spinta personale, un orgoglio, una dignità della persona che noi abbiamo perso completamente [...] La prima cosa che si fa è intrallazzare e mettersi d'accordo. È proprio la generazione che è corrotta, che è malata, che va spazzata via.»

E qui Monicelli ripete: «Non so come e non so da chi. O meglio lo so, ma lasciamo stare».

La speranza è una trappola

Ovviamente il giornalista non lascia stare, inducendolo a proseguire. Ne sottolinea così il pessimismo. L'assenza di speranza.

Ed è qui che Monicelli dice le parole più note, e definitive, di questa intervista: «Attenzione, perché la speranza di cui parlate è una trappola. Non la dovete usare. La speranza è una trappola inventata dai padroni, di quelli che ti dicono: "State buoni, state zitti, pregate" e avrete il vostro riscatto e la vostra ricompensa nell'aldilà. Perciò state buoni. Come quello con i precari: "Sì, state buoni, andate a casa che tanto tra due o tre mesi vi riassumiamo. State buoni, sì sì". Vanno a casa e stanno tutti buoni. "Abbiate la speranza." Mai avere la speranza. La speranza è una trappola. È una cosa infame, inventata da chi comanda».

La speranza è un'utopia

Mario ha quasi terminato. Manca solo il finale. Che è, tutt'altro che paradossalmente, proprio la speranza.

L'unica speranza, del tutto irrealizzabile in Italia ma da ritenersi non trappola ma utopia, a cui Monicelli voleva aggrapparsi: «Io spero che questa sceneggiatura finisca con quello che in Italia non c'è mai stato: una bella Rivoluzione. Che non c'è mai stata in Italia. C'è stata in Inghilterra, c'è stata in Francia, c'è stata in Russia, in Germania, dappertutto meno che in Italia. Quindi ci vuole qualche cosa che riscatti veramente questo popolo che è stato sottoposto, da trecent'anni è schiavo di tutti. Se vuole riscattarsi, il riscatto non è una cosa semplice. È doloroso. Esige anche dei sacrifici. Se no vada alla malora, come sta andando, ormai da tre generazioni. Una volta c'è stato, si è tentato di riscattare, abbastanza barcamenan dosi. C'è stata la Resistenza, che in bene e in male cercava di fare qualcosa di... sì, abbastanza debolmente, ma è l'unica cosa di cui possiamo vantarci nella nostra storia di cittadini di questa penisola. Che ormai non si può neanche più parlare di Italia. È una penisola, un'espressione geografica». Qui Monicelli sorride, divertito nel guardare la faccia sgomenta dell'intervistatore, e di contro la nostra.

L'intervista finisce. Ma rimane.

Dieci buoni propositi per andare oltre il pareggio

Le parole di Mario Monicelli sono state tra le più forti e giuste che abbia mai sentito. Le ha pronunciate un uomo che aveva 95 anni e stava per morire. La sua generazione aveva guerreggiato, vinto, perso. E poi fallito, almeno secondo Monicelli, come almeno le due o tre successive, compresa dunque anche la nostra. Monicelli sperava, pur negando di sperare, in una rivoluzione.

Ho sempre pensato che fosse lui stesso, di per sé, una rivoluzione. La rivoluzione dell'uomo che lotta fino alla fine, denunciando e rischiando. L'eccezione salvifica che in qualche modo redime una generazione, e quindi un Paese, che è nel frattempo divenuto null'altro che mera connotazione geografica.

Le dieci tavole dei nati sotto il presepino

Prima o poi ci si chiede: cosa rimarrà? Quali saranno le tracce che quelli che verranno reputeranno in qualche modo indelebili? E definitivamente memorabili?

La chitarra di Hendrix rimarrà. Il sorriso di Troisi rimarrà. Le parole di Monicelli rimarranno. E noi? E i nati nei Settanta? Mi chiedo se, tra cinquant'anni o giù di lì, anche solo qualcuno tra i miei coetanei, come Monicelli, dirà qualcosa di così definitivo. In grado di dimostrare che abbiamo avuto anche noi, tra edonismi e pavidità, una nostra insospettabile longevità. Anagrafica, ma più che altro morale. Soltanto allora, forse, potremo dire di esserci veramente alzati da quella panchina.

Al momento sembriamo partigiani senza guerra, e anche per questo i Monicelli colpiscono così tanto: perché rappresentano ciò che mai saremo e, più ancora, perché hanno vissuto ciò che mai vivremo. Fermarsi a una tale constatazione porta con sé un rischio nostalgico. E io detesto la nostalgia. Mi piace la memoria, che è un'altra cosa, perché priva di cascami retorici e lagnanze barbose. Non so se sia possibile, per i nati sotto i Settanta, un riscatto. So però che può esistere, quantomeno, un vademecum. Un decalogo dei buoni propositi. Le dieci tavole dei nati sotto il presepino: per sollevare (definitivamente e non per finta) il culo da quella panchina, o anche solo per sentirci un po' migliori. Nuovi davvero, migliori sul serio e per nulla restauratori caricaturali post-paninari: l'esatto opposto del gattopardismo 2.0 *à la* Renzi.

1. Siate cazzari, siate folli

Lo capisco che quel discorso di Steve Jobs, pronunciato nel 2005 all'Università di Stanford, ci affascini. Un testamento agguerrito e sognante, tipo professor Keating premoriente, che invita i più giovani a essere affamati e folli. *Be hungry, be foolish.*

Il problema è che i nati sotto i Settanta non sono affamati, se non di Buondì Motta e Ciocorì. Intellettualmente, salvo eccezioni, siamo sempre stati assai pigri. Alla ricerca culturale abbiamo preferito il divano esistenziale, possibilmente con il MySky programmato sulla moviola di una partita qualsiasi. «Ma non hai visto? È caduto il governo» dice la compagna trafelata all'italiano medio di Capatonda. E lui, ingobbito davanti alla tivù, tra birre e rutti liberi, le risponde: «E a *mme* che cazzo me ne frega a *mme*?? C'è il moviolone!».

Gli affamati erano quelli prima di noi: di rivalsa e di miseria, di futuro e di cambiamento. E quelli dopo di noi: di rabbia e di rap, di web e di appartenenza vaga. Noi siamo cani sciolti, non per scelta ma perché il branco ci è sempre piaciuto poco. Molto meglio la solitudine dei numeri secondi. O terzi, o quarti, o non classificati.

Abbiamo però quello che nessun'altra generazione ha: la propensione a essere cazzari. Qualcosa che ci disinnesca, perché ci porta al disimpegno e al menefreghismo, sempre dentro un *Drive in* con Teneroni fuori tempo massimo e paninari divenuti nel frattempo scrittori da bestseller *à la* Giorgio Faletti.

Ma è anche qualcosa che ci porta al crossover, al citazionismo, al mescolare tutto, al tenere insieme alto e basso (soprattutto basso). Siamo cazzari perché ci conviene così e perché, quando ci stavamo formando, abbiamo avuto i maestri migliori. I registi della commedia intelligente degli Ottanta. I Paolo Rossi, i Guzzanti, i Grillo, i Luttazzi.

Postideologici e stancamente arrabbiati, se non quando Tele+ ci tolse il diritto di guardare Wimbledon in chiaro, la nostra militanza è lo scherzo. Un limite, ma anche una dote.

Dentro ogni nato sotto i Settanta c'è un cazzaro di talento. È stato il nostro imprinting, e prima o poi avvertiremo il desiderio di risputare tutto. Il nostro tempo non ci ha cresciuto rivoluzionari, casomai giullari. Tutto sta, quindi, nel tramutare la babele di spunti e informazioni che abbiamo caoticamente accumulato in una sorta di nuova forma di appartenenza. Non possiamo essere Cioni Mario, perché è cambiato tutto e perfino l'originale ha sposato nel frattempo la sua Yoko Ono.

Il Cioni era affamato di sesso e bestemmie, e certo folle. Noi siamo la generazione degli avatar e degli alter ego, dei nickname capatondisti: dei Bruce Lagodigarda, del «sesto scemo» e dell'«uomo che usciva la gente». Noi siamo la generazioni che al Cioni Mario e al Monni Carlo preferisce ormai il Maccio Capatonda. È lui la sintesi migliore del gran casino entro cui siamo cresciuti. Diceva il Bozzone in *Berlinguer ti voglio bene*: «Noi semo quella razza / che l'è tra le più strane / che bruchi semo nati / e bruchi si rimane. / Quella razza semo noi / l'è inutile far finta: / c'ha trombato la miseria / e semo rimasti incinta». Non meno bruchi del Monni, e forse appena più goderecci, per amanti continuiamo ad avere anzitutto la miseria. Di lavoro, di certezze, di ideali. Ed è qui che il bruco, per riscattarsi, se non farfalla prova anche solo a diventare uno dei mille eteronimi grulli di Capatonda. C'è chi è Pina Sinalefe, chi è Mario Loide, tutti personaggi immaginari eppure così reali. Per ogni nato nei Settanta c'è un fake. Spesso più vero del vero.

Se la nostra unica rivoluzione possibile è saper far ridere, la strada maestra è accettare questa natura stravagante che non ci ha fatti né incendiari e né pompieri. Bensì clown, che forse non sarebbero piaciuti a Fellini. Ma che neanche troveranno mai il plauso dell'orrido Walter Finocchiaro.

2. Il nervosismo ci salverà

Qual è il motivo del successo dei film di Gabriele Muccino? Che sono uno specchio facile per lo spettatore. Più ancora: che, dietro la critica superficiale alla società, c'è la rassicurazione. Il mondo di Muccino è malato, ma poco. È ferito, ma mica tanto. È colpevole, però anche innocente. È la poetica della quiete.

La stessa di Jovanotti, il nuovo re degli ignoranti, che si finge però intellettuale, contravvenendo alla diminutio a cui

Celentano – al di là degli sfoghi ciclici politicheggianti – non è mai venuto meno.

È quasi tutto calmo e illuminato nell'arte che ci ha cresciuto e che ci piace. Siamo tutti innamorati. Siamo tutti felici. Siamo tutti dentro un big bang d'amore. «Il più grande spettacolo dopo il Big Bang siamo noi, io e te, io e teeeeee.» E che noia. E che palle. Ma che palle. Anche perché non si sa mai chi sia io, e non si sa mai chi sei tu. Si sa però che è tutto amore intorno a noi. E se anche c'è guerra, è comunque per amore. Tutti a fare Battisti senza essere Battisti, con picchi creativi da meringa petrarchesca. La dittatura del lieto fine, del volemose bene, dell'ottimismo che è il sale della vita e il pepe, se non c'è, pazienza. È tutto bello, è tutto buono, è tutto giusto.

Ma *de che?* In quale mondo vivono? Da quale universo parallelo di Fringe traggono tali perle di saggezza Liabel? Si sono guardati attorno? Ci hanno anche solo provato? Se il Purgatorio è il nostro perlomeno, e se il Big Bang è il nostro Bacio Perugina gigante, l'onda perfetta che attendeva Patrick Swayze in *Point break* è nel nostro caso una cascata di zucchero che non cerchiamo di cavalcare. Ci lasciamo avvolgere da lei, come il bastoncino dello zucchero filato.

Ecco cosa siamo: il bastoncino dello zucchero filato. Con una nuova categoria di quasi-intellettuali, spesso canterini e radiofonici: i tromboni buonisti, che filosofeggiano con spocchia malcelata da chissà quale piedistallo e ti dicono che l'universo è inzuppato d'amore. Mi piacerebbe vederli, questi divi del cerchiobottismo stonato, spesso e mio malgrado miei coetanei, prima o poi centrifugati in un programma tipo *Speciale per voi*, quello condotto da Renzo Arbore dal 1969 al 1971 per il secondo canale della Rai. I Lucio Battisti e i Claudio Villa, senza paracadute né salvagente, venivano dati in pasto a un pubblico di ragazzi. Spesso erano molto più antipatici dei cantanti, a conferma di come anche allora essere giovani non fosse di per sé sinonimo di superiorità culturale.

Ricordo per esempio un imberbe ma già allora inutilmente tronfio Mario Luzzatto Fegiz infierire su un attonito Domenico Modugno, che era un po' come vedere Valerio Scanu millantare di essere molto più bravo di John Lennon. Spesso i divi sbroccavano, per esempio Don Backy. Erano scontri senza filtri, senza mediazioni. Senza uffici stampa. Un programma così coraggioso che la Rai lo chiuse con fretta evidente. Nel 2003 ci hanno riprovato, senza troppa convinzione. Il remake lo conduceva una nata sotto il presepino dei Settanta, Ambra Angiolini. Lo vorrei vedere oggi, quel programma: un'orda di troll in carne e ossa che guardano dritti in faccia i Ligabue e gli Antonacci, per poi dirgli una volta per tutte: «Lo sapete, con rispetto parlando, che suonate la stessa canzone da vent'anni?». E poi vedere l'effetto che fa.

I tromboni buonisti sono un morbo trasversale che ha anestetizzato questo Paese e questa generazione. I cattivi maestri hanno condotto alla pazzia molti nati nei Cinquanta, i buonissimi maestrini hanno indotto al coma ideologico troppi nati nei Settanta.

Senza scomodare l'antagonismo fatale quanto irripetibile di Pasolini, contestatore globale non per posa ma per consapevolezza, è qui che torna l'insegnamento di Paolo Canè. A prima vista non lo si è capito, ma è proprio questo il suo scacco matto: siate nervosi, perché è il nervosismo calcolato che mantiene vivi.

Lasciamo stare il fatto che, nel caso di Canè, il nervosismo non fosse calcolato: i pionieri non sono quasi mai buoni profeti con se stessi. Il «sono nervoso» cagliaritano di Canè non arriva dopo una sconfitta, ma dopo una vittoria. La sua più grande vittoria di sempre. Una vittoria agonisticamente marginale, che lui neanche è in grado di godersi appieno, ma che costituisce comunque un piccolo shock generazionale. Ed è proprio il nervosismo a fare la differenza.

La nevrastenia illuminata, ennesimo ossimoro del nostro percorso, assurge a chiave di volta per interrompere la poetica della quiete autoassolutoria. Di fronte a un approccio che disinnesca e ammorbidisce, portando a una stasi cerebrale che non consente rivoluzioni e ci inchioda a quella panchina, ecco l'uovo di Colombo: il nervosismo. Qualcosa che ci rende l'esistenza meno facile e meno comoda, ma che ci tiene in vita. Veramente in vita. Qualcosa che ci consente un livello minimo di coscienza, di morale, di indignazione.

I nati sotto i Settanta hanno creduto al miraggio del lieto fine, del *Siddharta* a mille lire in edicola con allegate le parole chiave per aprire le porte della percezione: è giunto il tempo di scrollarci di dosso questa patina buonista e coltivare un approccio debitamente nervoso e all'occorrenza incazzato. Senza smarrire l'approccio cazzaro che ci caratterizza, e che ci consente un'autoironia sistematica e salvifica.

Nervosi e cazzari: se lo fossimo, e lo fossimo ispiratamente, chi mai potrebbe fermarci? In prima fila le milizie di Paolino, in seconda quelle di Maccio. E il mondo in trincea, terrorizzato – ma affascinato – dall'esercito più pazzo del mondo.

3. *Credere nel sogno*

Un tale invito parrebbe in controtendenza ai precedenti, legittimando la retorica tipica della mia generazione e dei suoi (para)guru. In effetti, scritto così sembra un dialogo chiave in un libro qualsiasi di Moccia: «Credete nel sogno». Con la squinzia di Nicolas Vaporidis che lo guarda, rapita, e gli infila tre metri di lingua in bocca.

Ironia e cinismo non devono però indurci a perdere di vista ciò che è sempre sotteso a qualsiasi forma di rivoluzione: un miglioramento della situazione precedente. Noi non faremo rivoluzioni, perché siamo italiani e perché siamo nati disinnescati. Più che cambiare il mondo, possiamo giusto mutare la grafica della nuova edizione di Pro Evolution Soccer. Le nostre, se esistono, sono e saranno rivoluzioni private. Nella nostra casa in collina, anzi in pianura con vista bassa Padana, non troppo distanti dalla Macondo di Mastro Ligabue, inseguiamo una rivalsa personale, un bacio da ricordare, un mondo migliore da consegnare ai nostri figli (che spesso neanche abbiamo, però comunque ci pensiamo, perché siamo egoisti ma non iene).

E qui torna Massimo Troisi. Lui lo sa, è il primo a saperlo, che sta morendo. Eppure preferisce anteporre a tutto il suo sogno finale: ultimare il film che più ama. Non è importante che per la critica non sia un capolavoro, è irrilevante che non meritasse questo o quell'Oscar. Quello che più conta è che Massimo Troisi, uno dei nostri maestri, uno di quelli che più e meglio ci ha fatto ridere, decida di sacrificare se stesso all'ultimo sogno.

Ed è un sogno malinconico, che non fa più ridere. Massimo ha il volto scavato e straziante. Alcune scene neanche riesce a girarle, si fa aiutare da una controfigura. Però deve esserci, vuole esserci, perché è l'ultima scena – proprio come Monicelli – quella che più conta. E l'ultima scena lo vede innamorato dell'idea di apprendere, magari da un poeta importante, magari al punto da imparare ad amare.

C'è qualcosa di retorico ne *Il postino*, ma non c'è nulla di retorico nel sacrificio di Troisi. È l'utopia definitiva, la coincidenza estrema tra sogno e miraggio, vita e morte, inizio e fine. Terminata l'ultima scena, Massimo Troisi saluta la sorella e si riposa dopo pranzo. Non si risveglierà più. Non ne aveva più bisogno. Così come ci ha insegnato a ridere in *Ricomincio da tre* o *Non ci resta che piangere*, ci ha insegnato a morire ne *Il postino*. Inseguendo un obiettivo, un progetto, un sogno. Un amore per cui valga la pena bruciarsi.

L'amore di Troisi per quel film è l'amore di José Saramago per la sua Pilar, di Dario Fo per la sua Franca Rame, di Johnny Cash per la sua June Carter. È l'amore totalizzante, è Milton che vince la guerra ne *La questione privata* di Fenoglio perché ama Fulvia. È la migliore delle morti.

È, nel suo piccolo, una rivoluzione. L'unica che, al nostro massimo, potremmo essere in grado di compiere. Quella che contempla molto cuore. Molto sogno. E ancor più sacrificio.

4. *Meglio perdere che pareggiare*

Basta con questo inseguimento del pareggio, con la politica delle formichine, con le vite da mediani senza neanche essere Lele Oriali. Sembra davvero che, ogni maledetta domenica, il nostro obiettivo sia non prenderle. Neanche ci siamo accorti che, nel calcio come nella vita, la vittoria vale tre punti e non più due, e che il pareggio è pressoché identico alla sconfitta.

È anzi spesso peggiore, perché presuppone un approccio deliberatamente poco pugnace. Alla guerra non andiamo quasi mai, e se ci andiamo ci preoccupiamo non delle munizioni ma di come e quanto la nostra divisa sia di marca. Nei nostri pareggi non c'è neanche l'epica occasionale della rimonta. Né diamo né prendiamo. Stiamo lì, sul ring, tenendo alta la guardia e muovendo appena le gambe. Senza mai portare il colpo, e aspettando che l'arbitro prima o poi conti la fine. Attendisti per inclinazione e per comodo, abbiamo anche inventato la rivoluzione garbata.

Per i nati sotto i Settanta persino la dissidenza deve avere un che di sobrio, di mansueto. Siamo dissidenti modello, che giocano al ribelle stando bene attenti che nulla cambi. Pareggiatori a prescindere, che allo 0-0 preferiscono al massimo il 3-3: così, sugli spalti, qualcuno si diverte un po' di più.

Se continuiamo a pareggiare, quella panchina sarà sempre l'unico nostro spazio esistenziale possibile. Non ci saranno Paolo Sorrentino a salvarci, e neanche Antonio Pisapia a indicarci la redenzione del sacrificio estremo. Sarebbe il caso, forse, di sparigliare le carte. Anche solo per vedere l'effetto che fa. Di essere cazzari, di essere nervosi, di essere folli. Di essere vivi. Di rischiare il tutto per tutto, o magari anche solo il poco per il poco, ma rischiare.

Meglio perdere che pareggiare. Dell'Olanda del '74 si ricordano tutti, eppure quei mondiali li ha persi. E okay, d'accordo, forse non saremo tutti Cruyff, ma neanche tutti catenacciari.

5. L'agonia va presa in controtempo

Non conosco cambiamenti garbati, anche se in tanti ne garantiscono l'esistenza. Certo, la nostra panchina è comoda. Ci siamo seduti da così tanto tempo che neanche più la distinguiamo dal nostro fondoschiena. Ma a volte è meglio la salita della pianura.

Dal Galibier o dal Mont Ventoux, rispunta ora il nostro Pirata. Marco Pantani. È qui, davanti a noi, come lo avevamo lasciato nel 1998 a Cesenatico, dopo il trionfo a Giro e Tour, quando salutò la sua gente con l'imbarazzo di chi non si sente vincente ma in qualche modo lo è diventato. Quasi suo malgrado.

È lui la nostra idea di grimpeur. Scattava per abbreviare l'agonia. Non ne negava il dolore: lo prendeva in controtempo. Non inseguiva scorciatoie: si consegnava al martirio con il compiacimento incosciente di chi, conscio del dolore da scontare, tentava addirittura di estetizzarlo. Di spettacolarizzarlo. Di elevarlo. Non è che amasse la salita più della discesa: la trovava semplicemente più somigliante alla propria natura. *Dai diamanti non nasce niente, dal letame nascono i fior.* Dalle pianure nascono i carrieristi, dalle salite nascono i pirati.

E i pirati soffrono, guerreggiano, muoiono. Perché va così. Noi non siamo pirati e neanche marinai. Ci sentiamo naufraghi perfino nella vasca da bagno, tra paperelle e bagnoschiuma Bilboa per non smarrire l'abbronzatura. Ci ostiniamo a credere a un mondo senza agonia e ci stupiamo che alla fine qualcuno muore. Sempre.

Neghiamo il concetto di agonia perché la temiamo e per non sporcare il lieto fine. In fondo, anche in *Top Gun*, a morire erano sempre gli amici un po' minchioni. Mica i protagonisti, mica gli «eroi»: mica noi.

Mi piace pensare che, quando scattava Pantani, un po' lo facevamo anche noi. Con le sue gambe. Che adesso non ci sono più. E allora adesso tocca a noi.

6. Resistere, resistere. Resistere?

Il Rivoltoso sconosciuto di Tienanmen fermò un carro armato. Come? Resistendo. Nei dibattiti politici, ciclicamente, torna la frase di Francesco Saverio Borrelli: «Resistere, resistere, resistere». Lo abbiamo fatto? Uhm.

La tendenza al quieto vivere non è certo cosa che riguarda solo i nati sotto i Settanta, perché il tira-a-campare è un'antica usanza che suole avere l'italiano. Noi, però, quel rivoltoso ce lo ricordiamo bene. Fermò, da solo, i cingolati. E non rischiò per se stesso, quanto per i suoi ideali e quelli di chi aveva accanto. O magari lo guardava alla tivù. Come Roger Waters, come noi.

Mi chiedo, oggi, a cosa abbiamo davvero resistito. Abbiamo sopportato il berlusconismo senza quasi colpo ferire. Se il partigiano Johnny sognava di essere l'ultimo passero sul ramo, noi al massimo abbiamo rasato l'aiuola ascoltando Gianluca Grignani. Niente alberi né rami, al massimo il giardinetto di casa.

Erano belli i partigiani che cantavano i CSI ad Alba. Molto belli. Ed era bello immaginarsi uno di loro. Noi, però, quando diventeremo partigiani? E non alludo certo al significato deteriore e depravato (più che derivato e deprivato) che ha acquisito col tempo, quello cioè di colui che parteggia e perde di vista l'obiettività divenendo tifoso; parlo dell'essere resistenti, disposti a tutto pur di difendere la libertà. La nostra e quella di chi si ha accanto. Per chi è morto Falcone? Per chi è morto Borsellino? Per noi. Anche per noi. È tempo di fare qualcosa in cambio. In mancanza di Peppino Impastato all'orizzonte, e con una miopia civica tale da non accorgersi quasi più che i cingolati incontrati ogni giorno sono persino più di quelli di Tienanmen, non sarebbe male anche solo dimostrare di avere un grado di coraggio e resistenza superiore a quello di una cimice.

7. Il quotidiano è il nostro voto

Il concetto di resistenza è in qualche modo astratto. Si rischia di non andare oltre l'elencazione facile di buoni propositi. Cosa vuol dire resistere? Come si fa, ogni giorno, in questo presente?

Credo che l'unica resistenza possibile sia quella esercitata nel nostro quotidiano. Non alludo a gesti dichiaratamente eroici, ma a piccole scelte che – una dopo l'altra – finiscono col sancire un cambiamento.

Mi chiedono spesso: «Sì, ma tu oltre a criticare cosa fai?». Domanda lecita, risposta facile: scrivo, propongo, mi espongo. Rischio, sbaglio. E non sto a guardare.

È il quotidiano il nostro voto, è lì che decidiamo le nostre sorti. Non certo dentro l'urna elettorale, o non soltanto. Avrei voluto scrivere che il nostro lavoro è il nostro voto, ma essendo in gran parte disoccupati o comunque precari avrei di fatto scritto che siamo una generazione di astenuti. E un po' è vero.

Penso allora che la resistenza vada esercitata attraverso la nostra quotidianità. Il nostro voto è dove andiamo a fare la spesa, cosa compriamo, cosa mangiamo. È cosa guardiamo alla tivù, cosa ascoltiamo, cosa leggiamo. È chiedere al dentista o al ristoratore di farci lo scontrino. È giocare alla guerra non quando guardiamo la partita, proprio come diceva Winston Churchill degli italiani, ma quando avvertiamo che da una nostra scelta dipende uno snodo in qualche modo esiziale. Votare, e resistere, è alzarsi dalla panchina e preferire l'onestà – anzitutto intellettuale – alla comodità. I nostri nonni salirono sulle montagne per cambiare il mondo. Noi, che il fisico bestiale lo abbiamo visto e sentito soltanto nelle canzoni di Luca Carboni, saliremo al massimo al reparto equosolidale dell'Ipercoop. Niente di che. Ma sarebbe già, forse, più di tanto.

8. *Mio fratello non è più figlio unico*

C'è una differenza enorme tra l'anarchia calcolata e il caos disorganizzato. La nostra refrattarietà al branco attiene poco a Bakunin e molto a Mauro Di Francesco. La nostra non è la solitudine di Pasolini, sua gioia e sua condanna, ma quella del casinista che non sa bene dove andare. E dunque sta da solo, per proteggersi e tirare a campare, con un senso civico assai poco sviluppato.

Tutti per sé e io per me: è il nostro slogan, quello di una generazione che ha visto l'edonismo eletto a mito collettivo. Tacitamente accettato, salvo rari casi e pure questi anarchici.

Insieme si vince, o comunque non si pareggia. Generazione di fratelli figli unici, quando non nulli, dovremmo imparare a fare gruppo. Non tanto in nome dell'esser nati lo stesso decennio, che come collante è un po' poco (sono nato lo stesso anno di Michel Martone, ma non per questo nutro il desiderio di cercare una coesione con lui). Casomai per aspirare a una collettività che ci renda meno chiusi e personalistici, donandoci un quadro d'insieme che troppo spesso ci manca.

Siamo calciofili, ma ci piacciono gli assoli. La solitudine, che è virtù e condanna, per noi è incentivo ulteriore alla stasi. Siamo tanti fantasisti mancati, tanti monologhisti immaginari, ma Shakespeare è troppo grande per noi e più della maglia numero 10 meriteremmo forse un numero da retrovia come Angelo Colombo nel Milan di Sacchi. Che, comunque, nel suo piccolo correva e sgobbava.

Noi, neanche quello. L'aspirazione a una collettività maschererebbe i nostri errori. Ci insegnerebbe a guardare oltre il nostro ombelico. E ci renderebbe più forti. In grado, forse, di far saltare il banco ai sepolcri imbiancati che – proprio – il passo non vogliono cederlo.

9. Rottamiamo noi stessi, più che l'anagrafe

Non lo voglio un Matteo Renzi a far la guerra in mio nome. È nato quando me, ma non è come me. Siamo uguali, ma più che altro siamo diversi. Parla bene, è simpatico, è un discreto menopeggio. E ha il merito innegabile di avere messo al centro dell'attenzione il tema del ricambio generazionale. Renzi è però la versione evoluta di ciò che ci ha cresciuto negli Ottanta. Non è uscito dalle vacanze di Natale, le ha solo girate in digitale. Non ha abiurato il jerrycalismo, lo ha eletto anzi a ideologia. Non ha incamerato i simboli e le icone della gioventù per rileggerle in chiave ironica e migliorativa, come Maccio, ma si è semplicemente limitato ad accettarle e rilanciarle, come Fazio in *Anima mia*.

La collettività di Renzi ha ben poco di ideologico. È piuttosto il gioco della bottiglia 2.0, è il ritorno agli Ottanta con un Mac al posto di un Vic20, è Fonzie che frequenta *Amici* di Maria invece di *Happy days* di Richie Cunningham.

Non la voglio la sua rottamazione, perché non c'è nessuna rottamazione se non quella della sua anagrafe. Non la voglio la sua collettività, perché non c'è nessun gruppo ma casomai un capobranco, e neanche il migliore: di Enrico Berlinguer sarei stato gregario, di Renzi proprio no perché coltivo altri ideali. E altri masochismi.

Collettività significa, o dovrebbe significare, trovare una nostra ideologia. Un nostro cambiamento, che faccia salire l'asticella e ci renda simili a tanti piccoli ribelli sconosciuti.

Se non avesse fatto il politico, Renzi avrebbe fondato Grom al posto di Guido Martinetti. Se Renzi fosse stato a Tienanmen, di fronte al carro armato avrebbe chiesto al pilota la marca del cingolato. Per sapere dove poterlo comprare e metterlo nel giardino di casa e mostrarlo agli amici: «Ehi, guarda com'è figo. Ci ha pure le marce automatiche».

Andiamo oltre la rottamazione. È un'altra paraculata della nostra generazione. È la legalizzazione del non cambiamento, è il nostro gattopardo: chiediamo la rottamazione per non chiederla, facciamola per non farla, agiamo per cambiare affinché nulla cambi. E a quel punto mi rileggo Tomasi di Lampedusa, mica Matteuccio.

Cambiare in base all'anagrafe è come decidere i convocati ai mondiali in base alla prima lettera del cognome: quelli con la «B» mi piacciono perché mi ricordano Baggio, quelli con la «Z» no perché di Zenga me n'è già bastato uno.

Di cosa stiamo parlando?

Non la voglio la rottamazione, perché a un Orfini preferirò sempre un Monicelli o un Dorfles, un don Gallo o un Ingrao, un Fo o un Jannacci. Non mi interessa l'età che hanno in quel momento gli interlocutori: mi interessa sapere cosa hanno nella testa, quali sono le loro idee (se esistono), quale il loro concetto di futuro (se esiste), quali i loro progetti (se ci sono).

Un Partito Sorrentino Italiano lo voterei, e sarebbe l'unico Psi che potrei appoggiare. Un Forza Renzi proprio no. Eppure sono pressoché coetanei.

Prima di rottamare gli altri, dovremmo azzerare la parte peggiore di noi stessi. Quella più guardinga, più paracula, più pareggiante. Più dorotea, più pavida, più furbetta.

Pensateci: fosse stato per noi, Pasolini non avrebbe neanche dovuto scegliere tra studenti e poliziotti, perché i primi si sono incazzati così poco che non valeva neanche la pena di porsi il problema. E anche quando ci siamo arrabbiati, per esempio durante il G8 di Genova, poi abbiamo accettato quasi tutto. La morte di Carlo Giuliani, ribelle confuso e atipico della mia generazione. La mattanza della Diaz. Gli orrori di Bolzaneto.

Mi piacerebbe una generazione in grado di diventare meravigliosamente nonna come (alcune tra) quelle che ci hanno preceduto. Se sin d'ora dimostriamo di non saper invecchiare, il diritto al cambiamento ce lo precludiamo da soli.

Se rottameremo noi stessi e ci prenderemo in controtempo, rivoluzionando il nostro orizzonte senza troppi slogan né Masanielli scaltri a dettarci la partitura, allora sì che cambieremo tutto.

10. È tempo per noi

Basta anche con queste canzonette che ci autoassolvono. Erano carine, ci sono piaciute, andavano bene per i nostri quindici anni. Ora, però, basta. Non è più il caso.

Era ed è tempo per noi. Basta smettere di stare lì a lagnarsi, prendendosela con Dio che non ha un momento per noi, la radio che non passa Neil Young e quindi non ci ha capiti.

Se non è tempo per noi, il complotto ce lo siamo fatti da soli. E vuol dire che ci va bene così. Perché è proprio la retrovia che ci piace: così possiamo lamentarci di quelli in prima fila che non si spostano mai e si tengono le luci della ribalta tutte per loro.

È tempo di agire. Di uscire dal guscio. Di alzarsi da quella panchina e chiedere al mister il cambio. Sarà difficile, sarà doloroso, sarà faticoso. Arriveranno i fischi dalla tribuna. Sbaglieremo gol già fatti. Faremo autogol alla Comunardo Niccolai e non ci saranno forse zone Cesarini abbastanza larghe per contemplare il nostro riscatto tardivo. Ci metteranno e metteremo in discussione. Ma sarà comunque meglio che, il giorno dopo, leggere il giornale e trovare accanto al nostro cognome il voto di sempre: «sv». Senza voto. Come quei calciatori che entrano in campo nei minuti di recupero per perdere tempo e neanche toccano palla.

Meglio perdere che pareggiare. Meglio un minuto da Clint che una vita da Muccino.

L'uomo in più della nostra generazione, forse, potrebbe essere la nostra generazione per intero. Di colpo meno frivola, d'improvviso più pirata che disimpegnata. In grado addirittura di rimettere l'uomo al centro della vita, senza più periferie ai margini dell'impero o sottoscala dell'ego.

Più condizionali che indicativi, più ipotetici che propositivi, più sfarfallanti che concreti. Più abbaianti che guerreggianti. Più provvisori che risoluti. Più bruchi che farfalle.

Non saremo rivoluzionari, non saremo incendiari e, in generale, al momento non siamo. Dunque non saremo. Ma potremmo essere.

Indice dei nomi

Indice

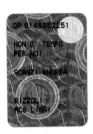

Finito di stampare nel novembre 2014 presso
il Nuovo Istituto Italiano d'Arti Grafiche – Bergamo
Printed in Italy

ISBN 978-88-17-07674-6